Generis
PUBLISHING

Inteligencia Artificial para Empresarios exitosos

Transformando el Éxito Empresarial con Tecnologías Innovadoras

Nelson Mauricio Reyes Castaño
Alvaro Antonio Medina Pinto
Jorge Humberto Villamarin Naveros

Title: **Inteligencia Artificial para Empresarios exitosos**

Transformando el Éxito Empresarial con Tecnologías Innovadoras

ISBN: 979-8-89248-746-7

Author: Nelson Mauricio Reyes Castaño, Alvaro Antonio Medina Pinto,Jorge Humberto Villamarin Naveros

Cover image: www.pixabay.com

Publisher: Generis Publishing
Online orders: www.generis-publishing.com
Contact email: info@generis-publishing.com

Inteligencia Artificial para Empresarios exitosos: Transformando el Éxito Empresarial con Tecnologías Innovadoras

TABLA DE CONTENIDOS

Introducción:

En el mundo empresarial moderno, la tecnología juega un papel fundamental en el éxito y la supervivencia de las organizaciones. La Inteligencia Artificial (IA) se ha convertido en una de las herramientas más poderosas y transformadoras disponibles para los empresarios y líderes empresariales. Desde la automatización de tareas rutinarias hasta la toma de decisiones estratégicas basadas en datos, la IA está revolucionando la forma en que las empresas operan, compiten y crecen en un entorno cada vez más competitivo y digitalizado.

El libro "Inteligencia Artificial para Empresarios Exitosos: Transformando el Éxito Empresarial con Tecnologías Innovadoras" tiene como objetivo ser una guía completa y práctica para empresarios, líderes empresariales y profesionales interesados en aprovechar al máximo el potencial de la IA en sus organizaciones. A lo largo de estas páginas, exploraremos cómo la IA puede mejorar la eficiencia operativa, optimizar la toma de decisiones, personalizar la experiencia del cliente, impulsar la innovación y generar ventajas competitivas sostenibles. Desde conceptos básicos hasta aplicaciones avanzadas, este libro ofrece un enfoque paso a paso para comprender, implementar y optimizar soluciones de IA que impulsen el éxito empresarial y la transformación digital.

El primer paso en el viaje hacia la adopción efectiva de la IA en las empresas es comprender los fundamentos y conceptos clave de esta tecnología. En las siguientes secciones, exploraremos temas como el aprendizaje automático, el procesamiento del lenguaje natural, la visión por computadora y la IA cognitiva. Además, analizaremos cómo estas tecnologías pueden aplicarse en diferentes áreas funcionales de una organización, desde marketing y ventas hasta operaciones y recursos humanos, con ejemplos prácticos y casos de estudio de empresas líderes en la implementación de soluciones de IA.

A medida que avanzamos en el libro, nos sumergiremos en estrategias y mejores prácticas para la implementación exitosa de proyectos de IA en las empresas. Discutiremos cómo definir objetivos claros, seleccionar las herramientas y algoritmos adecuados, gestionar los datos de manera eficiente, garantizar la ética y la transparencia en el uso de la IA, y desarrollar una cultura organizacional que fomente la innovación y la experimentación. Además, exploraremos los desafíos y riesgos potenciales asociados con la adopción de IA, y cómo mitigarlos para lograr resultados positivos y sostenibles a largo plazo.

Presentación de la Inteligencia Artificial (IA):

La Inteligencia Artificial (IA) es un campo de la informática que se enfoca en el desarrollo de sistemas y programas capaces de realizar tareas que requieren inteligencia humana. Estos sistemas pueden aprender, razonar, planificar, tomar decisiones y resolver problemas de manera autónoma, imitando en cierta medida las capacidades cognitivas humanas. La IA ha experimentado un crecimiento exponencial en las últimas décadas gracias al avance en algoritmos, poder computacional y disponibilidad de datos, lo que ha permitido su aplicación en una amplia variedad de campos, como la medicina, la industria, el comercio, la educación y más.

Definición y contexto histórico.

El origen de la Inteligencia Artificial se remonta a la década de 1950, cuando científicos como Alan Turing y John McCarthy sentaron las bases teóricas y conceptuales del campo. Turing propuso la idea de una "máquina universal" capaz de realizar cualquier tarea computable, sentando así los fundamentos de la computación moderna y la inteligencia artificial. Por su parte, McCarthy acuñó el término "Inteligencia Artificial" y organizó la famosa conferencia de Dartmouth en 1956, considerada el punto de partida oficial del campo de la IA.

Turing es considerado uno de los pioneros en el campo de la Inteligencia Artificial y la computación. En su artículo seminal "Computing Machinery and Intelligence", publicado en la revista Mind en 1950, Turing introduce el concepto de la "Prueba de Turing", una propuesta para evaluar si una máquina puede exhibir un comportamiento inteligente equivalente al de un ser humano. Este trabajo sentó las bases teóricas para el desarrollo de la IA y es ampliamente citado en la literatura académica del campo. (Turing,1950), otro de los referentes como John McCarthy fue otro de los pioneros en el desarrollo de la Inteligencia Artificial. En 1956, (McCarthy,1956) propuso la idea y organizó la famosa "Conferencia de Dartmouth", considerada el punto de partida oficial del campo de la IA. Su trabajo y liderazgo contribuyeron significativamente al establecimiento de la IA como disciplina académica y campo de investigación.

A lo largo de los años, la IA ha experimentado diferentes enfoques y paradigmas, desde la lógica simbólica y los sistemas expertos en las décadas de 1960 y 1970, hasta el resurgimiento de técnicas basadas en el aprendizaje automático y el procesamiento del lenguaje natural en las últimas décadas. El desarrollo de algoritmos de aprendizaje profundo y redes neuronales ha sido especialmente significativo en el avance de la IA, permitiendo el procesamiento de grandes volúmenes de datos y la extracción de patrones complejos de manera eficiente.

En la actualidad, la IA se ha convertido en una herramienta estratégica para las empresas y organizaciones que buscan mejorar la eficiencia, la toma de decisiones y la personalización de servicios. Desde chatbots y asistentes virtuales hasta sistemas de recomendación y análisis predictivo, la IA está transformando la forma en que las empresas interactúan con sus clientes, gestionan sus operaciones y generan valor en el mercado. Sin embargo, también plantea desafíos y debates éticos sobre el uso responsable y transparente de la tecnología, incluyendo aspectos como la privacidad de los datos, el sesgo algorítmico y la seguridad.

Importancia de la IA en el mundo empresarial moderno.

La Inteligencia Artificial (IA) ha emergido como una herramienta fundamental en el mundo empresarial moderno debido a su capacidad para transformar procesos, optimizar decisiones y generar insights valiosos a partir de grandes volúmenes de datos. Una de las principales ventajas de la IA en el ámbito empresarial es su capacidad para automatizar tareas repetitivas y rutinarias, liberando a los empleados de trabajos tediosos y permitiéndoles enfocarse en actividades de mayor valor agregado. Esto se traduce en una mejora significativa en la eficiencia operativa y la productividad de las empresas.

Otro aspecto crucial de la IA en el mundo empresarial es su capacidad para analizar datos de manera rápida y precisa, lo que permite a las empresas tomar decisiones informadas y basadas en evidencia. Los algoritmos de IA pueden identificar patrones, tendencias y correlaciones en los datos que podrían pasar desapercibidos para los seres humanos, proporcionando así una visión más profunda y completa de las operaciones de la empresa y del mercado en el que opera. Esto ayuda a las empresas a anticiparse a cambios, identificar oportunidades y mitigar riesgos de manera proactiva.

Además, la IA permite la personalización y la mejora de la experiencia del cliente de manera significativa. A través del análisis de datos y el uso de algoritmos de aprendizaje automático, las empresas pueden entender mejor las necesidades, preferencias y comportamientos de sus clientes, lo que les permite ofrecer productos y servicios personalizados y adaptados a cada cliente de manera más efectiva. Esto no solo aumenta la satisfacción del cliente, sino que también impulsa la lealtad y la retención.

En un entorno empresarial cada vez más competitivo y digitalizado, la capacidad de adaptación y la agilidad son fundamentales para el éxito. La IA proporciona a las empresas herramientas y capacidades para innovar de manera más rápida y efectiva, desarrollar productos y servicios disruptivos, y mantenerse relevantes en un mercado en constante evolución. Además, la IA también puede mejorar la seguridad y la ciberseguridad empresarial al detectar y prevenir amenazas de manera proactiva, protegiendo así los activos y la reputación de la empresa.

1. Capítulo 1: Fundamentos de la Inteligencia Artificial:

Los fundamentos de la Inteligencia Artificial (IA) comprenden un conjunto diverso de conceptos y técnicas que buscan replicar la inteligencia humana en sistemas computacionales. En el corazón de la IA se encuentra el aprendizaje automático, una disciplina que permite a las máquinas aprender y mejorar a partir de datos, identificando patrones y tomando decisiones sin una programación explícita para cada tarea. Dentro del aprendizaje automático, destacan dos enfoques principales: el aprendizaje supervisado, donde el sistema aprende a partir de ejemplos etiquetados y puede realizar predicciones precisas sobre datos no vistos; y el aprendizaje no supervisado, que busca encontrar patrones y estructuras ocultas en los datos sin necesidad de etiquetas previas. Además, la IA se apoya en técnicas como el procesamiento del lenguaje natural (NLP), que permite a las máquinas entender y generar lenguaje humano de manera natural, facilitando la comunicación y la interacción hombre-máquina.

Otro pilar fundamental de la IA son las redes neuronales, modelos computacionales inspirados en el funcionamiento del cerebro humano. Estas redes consisten en capas de neuronas interconectadas que procesan información y aprenden patrones a partir de datos. Las redes neuronales han experimentado un auge significativo en las últimas décadas, especialmente con el desarrollo de las redes neuronales profundas (Deep Learning), que han demostrado un rendimiento excepcional en tareas como reconocimiento de imágenes, procesamiento de voz, traducción automática y análisis de texto.

Además de estas técnicas, la IA se basa en el uso de algoritmos de búsqueda y optimización para resolver problemas complejos y encontrar soluciones óptimas en grandes espacios de búsqueda. Los algoritmos genéticos, por ejemplo, utilizan conceptos de selección natural, cruce y mutación para generar soluciones eficientes a problemas de optimización combinatoria. Por otro lado, el razonamiento y la toma de decisiones son áreas fundamentales en la IA, donde se utilizan técnicas como la lógica difusa y los sistemas expertos para modelar el pensamiento humano y tomar decisiones en entornos inciertos o complejos.

1.1 Conceptos básicos: Árboles de Decisión, K-Means, Support Vector Machines (SVM), Algoritmos Genéticos aprendizaje automático, procesamiento del lenguaje natural, redes neuronales, visión por computadora y algoritmos de inteligencia artificial.

1.1.1 Arboles de Decisión:

Los árboles de decisión son modelos predictivos que utilizan una estructura en forma de árbol para representar las posibles decisiones y sus consecuencias. Cada nodo interno del árbol representa una característica del conjunto de datos, mientras que las ramas representan las posibles salidas o decisiones basadas en esa característica. Los árboles de decisión son utilizados principalmente en aprendizaje supervisado para clasificación y regresión, ya que permiten tomar decisiones de manera fácilmente interpretable y explicativa.

Figura 1 arboles de desicion

Fuente: copilot 2024

En un árbol de decisión, cada nodo representa una pregunta sobre una característica específica del dato. Dependiendo de la respuesta a esa pregunta, el modelo se mueve hacia diferentes ramas del árbol hasta llegar a una decisión final o una clasificación.

Por ejemplo, en un árbol de decisión para predecir si un cliente compraría un producto, los nodos podrían representar preguntas como "¿Es el cliente mayor de 30 años?" o "¿Ha comprado productos similares en el pasado?".

Los árboles de decisión son útiles porque:

- Son fáciles de entender e interpretar. La estructura del árbol refleja claramente las decisiones y los factores que influyen en ellas.
- Pueden manejar datos numéricos y categóricos.
- Son robustos frente a datos ruidosos o con valores faltantes.
- Pueden ser utilizados tanto para problemas de clasificación como de regresión, dependiendo de la variable objetivo.

El proceso de construcción de un árbol de decisión implica seleccionar la mejor característica para dividir los datos en cada nodo, de modo que se maximice la homogeneidad de las clases en cada rama del árbol. Esto se logra mediante algoritmos como el algoritmo ID3, C4.5 o CART. Una vez construido el árbol, se puede utilizar para clasificar nuevos datos o hacer predicciones sobre resultados futuros.

1.1.2 K-Means:

Figura 2 K-Means

Fuente: copilot 2024

K-Means es un algoritmo de clustering que agrupa un conjunto de datos en k grupos diferentes basados en sus características similares. El valor de k se define previamente por el usuario y representa el número de clusters deseados. El algoritmo asigna cada punto de datos al cluster más cercano al centroide, que es el punto medio del grupo. K-Means es ampliamente utilizado en análisis de datos para identificar patrones y segmentar conjuntos de datos en grupos homogéneos.

1.1.1. Support Vector Machines (SVM):

Fuente Copilot 2024

Las Máquinas de Vectores de Soporte (SVM) son modelos de aprendizaje supervisado utilizados para la clasificación y la regresión. SVM busca encontrar el hiperplano de separación óptimo que maximiza la distancia entre las clases en un conjunto de datos, permitiendo así una clasificación eficiente incluso en conjuntos de datos no lineales. SVM es especialmente útil en problemas de clasificación binaria y puede ser extendido a problemas multiclase mediante técnicas de "One-Versus-One" o "One-Versus-All".

Las Máquinas de Vector Soporte (Support Vector Machines, SVMs) tienen diversas aplicaciones prácticas en diferentes dominios. A continuación, te presento algunos ejemplos:

Clasificación de Imágenes:

Las SVMs se utilizan ampliamente en tareas de clasificación de imágenes. Ayudan a distinguir entre diferentes categorías de imágenes. Por ejemplo, en el reconocimiento de escritura a mano, las SVMs clasifican dígitos y letras, como se hace en el conjunto de datos MNIST. La capacidad de manejar datos de alta dimensión hace que las SVMs sean especialmente efectivas en este dominio.

Categorización de Texto:

En la categorización de texto, las SVMs desempeñan un papel crucial al clasificar documentos en categorías predefinidas según su contenido. Esto se logra convirtiendo el texto en características numéricas mediante técnicas como TF-IDF o embeddings de palabras. Las aplicaciones incluyen la detección de spam en correos electrónicos, análisis de sentimientos y clasificación de temas.

Bioinformática:

Las SVMs se aplican en la predicción de estructuras de proteínas, clasificación de genes y análisis de expresión génica. Ayudan a identificar patrones en datos biológicos y a resolver problemas complejos en biología computacional.

Detección de Anomalías:

Las SVMs se utilizan para detectar anomalías en datos, como fraudes en transacciones financieras, fallas en sistemas industriales o comportamientos inusuales en redes de sensores.

Visión por Computadora:

En la visión por computadora, las SVMs se aplican en la detección de objetos, segmentación de imágenes y reconocimiento facial. Pueden ayudar a identificar objetos en imágenes y videos.

Medicina y Diagnóstico Médico:

Las SVMs se utilizan en la clasificación de enfermedades, diagnóstico de cáncer, predicción de resultados médicos y análisis de imágenes médicas, como resonancias magnéticas y tomografías computarizadas.

Predicción de Precios y Mercados Financieros:

Las SVMs pueden predecir precios de acciones, tasas de cambio y otros indicadores financieros. También se aplican en la detección de tendencias y patrones en datos financieros.

1.1.2. Algoritmos Genéticos:

Los algoritmos genéticos son técnicas de optimización basadas en la evolución biológica. Estos algoritmos utilizan conceptos como selección natural, cruce y mutación para generar soluciones óptimas a problemas complejos. En cada iteración, se generan y evalúan múltiples soluciones potenciales (individuos), y las mejores soluciones son seleccionadas para reproducirse y generar la siguiente generación. Los algoritmos genéticos son utilizados en problemas de optimización combinatoria y búsqueda de soluciones eficientes.

1.1.3. Aprendizaje Automático (Machine Learning):

El aprendizaje automático es una rama de la inteligencia artificial que se enfoca en desarrollar algoritmos y modelos que permiten a las máquinas aprender y mejorar automáticamente a partir de datos. Estos algoritmos identifican patrones en los datos y utilizan esos patrones para tomar decisiones o hacer predicciones sin estar programados explícitamente para cada tarea específica. El aprendizaje automático se divide en diferentes enfoques, como el aprendizaje supervisado, no supervisado y por refuerzo, cada uno con aplicaciones particulares en la resolución de problemas y la toma de decisiones.

1.1.4. Procesamiento del Lenguaje Natural (NLP)

El procesamiento del lenguaje natural es una subdisciplina de la inteligencia artificial que se enfoca en permitir a las máquinas comprender, interpretar y generar lenguaje humano de manera natural. Esto incluye tareas como el análisis de sentimientos, la traducción automática, la generación de texto y la extracción de información de documentos o conversaciones. El NLP utiliza técnicas como el análisis sintáctico, la tokenización, la lematización y el modelado de temas para procesar y comprender el lenguaje humano de manera efectiva.

1.1.5. Redes Neuronales.

Las redes neuronales son modelos computacionales inspirados en el funcionamiento del cerebro humano que se utilizan en el aprendizaje profundo (Deep Learning). Estas redes consisten en capas de neuronas interconectadas que procesan información y aprenden patrones a partir de datos. Las redes neuronales han demostrado un rendimiento excepcional en tareas como reconocimiento de imágenes, procesamiento de voz, traducción automática y análisis de texto, y son especialmente útiles en problemas complejos y no lineales donde otros algoritmos pueden tener limitaciones.

1.1.6. Visión por Computadora (Computer Vision):

La visión por computadora es una rama de la inteligencia artificial que se enfoca en desarrollar algoritmos y sistemas capaces de interpretar y comprender imágenes y videos. Esto incluye tareas como detección de objetos, reconocimiento facial, segmentación de imágenes y seguimiento de movimientos. Los algoritmos de visión por computadora utilizan técnicas como extracción de características, clasificación de patrones y redes neuronales convolucionales (CNN) para analizar y procesar información visual de manera eficiente.

1.1.7. Diferencia entre inteligencia artificial, aprendizaje automático y procesamiento de lenguaje natural.

La Inteligencia Artificial (IA) es un campo de la informática que busca desarrollar sistemas capaces de simular la inteligencia humana en diversas áreas, como el razonamiento, la toma de decisiones y la resolución de problemas. En contraste, el aprendizaje automático se enfoca específicamente en desarrollar algoritmos y modelos que permiten a las máquinas aprender y mejorar automáticamente a partir de datos, identificando patrones y tomando decisiones sin una programación explícita para cada tarea. Por otro lado, el procesamiento del lenguaje natural se centra en el desarrollo de técnicas y herramientas que permiten a las máquinas comprender, interpretar y generar lenguaje humano de manera natural, incluyendo tareas como la traducción automática, el análisis de sentimientos y la generación de texto. En contexto, la IA es el campo general que abarca diversas disciplinas y técnicas, como el aprendizaje automático y el procesamiento del lenguaje natural, cada uno con enfoques y aplicaciones específicas en la creación de sistemas inteligentes y autónomos.

1.1.8. Importancia de comprender los fundamentos de la IA para su implementación efectiva en las empresas.

En primer lugar, comprender los fundamentos de la IA permite a las empresas tomar decisiones informadas sobre qué tecnologías y herramientas de IA son más adecuadas para sus necesidades específicas. Al tener conocimientos sólidos sobre los diferentes enfoques de IA, como el aprendizaje automático, el procesamiento del lenguaje natural y las redes neuronales, las empresas pueden evaluar y seleccionar las soluciones que mejor se alinean con sus objetivos comerciales y estratégicos.

Además, comprender los fundamentos de la IA ayuda a las empresas a maximizar el valor de sus inversiones en tecnologías de IA. Al tener una comprensión profunda de cómo funcionan los algoritmos y modelos de IA, las empresas pueden optimizar su uso y sacar el máximo provecho de los datos disponibles. Esto se traduce en una mayor eficiencia operativa, mejores decisiones empresariales y la identificación de nuevas oportunidades de crecimiento y mejora.

Otro aspecto importante es que comprender los fundamentos de la IA permite a las empresas abordar de manera efectiva los desafíos y riesgos asociados con la implementación de tecnologías de IA. Esto incluye aspectos como la privacidad de los datos, el sesgo algorítmico, la interpretación de los resultados y la ética en el uso de la IA. Al tener un conocimiento profundo de estos aspectos, las empresas pueden desarrollar políticas y prácticas que mitiguen los riesgos y aseguren un uso responsable y transparente de la IA.

Además, comprender los fundamentos de la IA fomenta la innovación y la creatividad en las empresas. Al tener la capacidad de idear y desarrollar soluciones de IA internamente, las empresas pueden adaptarse rápidamente a los cambios del mercado, mejorar la experiencia del cliente y diferenciarse de la competencia. Esto también promueve una cultura organizacional orientada a la innovación y el aprendizaje continuo, lo que es esencial en un entorno empresarial cada vez más digital y competitivo.

2. Capítulo 2: Casos de Éxito en Empresas

En el dinámico panorama empresarial actual, la adopción de tecnologías disruptivas como la Inteligencia Artificial (IA) ha redefinido la forma en que las empresas operan, innovan y se relacionan con sus clientes. Este segundo capítulo se adentra en el fascinante mundo de los casos de éxito en empresas que han implementado con éxito soluciones basadas en IA, destacando cómo estas tecnologías han generado un impacto significativo en diversos sectores y han impulsado la transformación digital de manera efectiva. A través de una exploración detallada de casos emblemáticos, este capítulo examina cómo empresas líderes han utilizado la IA para optimizar procesos, mejorar la toma de decisiones, personalizar la experiencia del cliente y anticiparse a las tendencias del mercado. Desde la automatización de tareas hasta la creación de productos innovadores, estos casos de éxito ilustran el potencial transformador de la IA en el mundo empresarial y ofrecen valiosas lecciones para aquellos que buscan aprovechar al máximo estas tecnologías en sus propias organizaciones.

Análisis de cómo la IA puede impactar áreas como marketing, ventas, operaciones, recursos humanos, entre otros.

El impacto de la Inteligencia Artificial (IA) en diversas áreas empresariales es notable y sigue creciendo a medida que las organizaciones aprovechan las capacidades de esta tecnología para optimizar procesos, mejorar la toma de decisiones y ofrecer experiencias más personalizadas. A continuación, se analiza cómo la IA puede impactar áreas clave como marketing, ventas, operaciones y recursos humanos:

Marketing:

La IA ha revolucionado el marketing al proporcionar herramientas para analizar grandes volúmenes de datos de clientes y tendencias del mercado. Esto permite a las empresas crear estrategias de marketing más efectivas y personalizadas, identificar oportunidades de ventas cruzadas y upselling, y predecir el comportamiento del cliente. Además, la IA se utiliza en la automatización del marketing, como el envío de correos electrónicos personalizados, la segmentación de audiencias y la optimización de campañas publicitarias.

Ventas:

En el ámbito de las ventas, la IA ayuda a mejorar la gestión de leads, la predicción de ventas, el análisis de sentimiento del cliente y la identificación de oportunidades de ventas. Los sistemas de IA pueden analizar datos históricos de ventas, patrones de compra y comportamiento del cliente para proporcionar a los equipos de ventas información valiosa que les ayude a cerrar negocios de manera más efectiva y eficiente.

Operaciones:

En el área de operaciones, la IA se utiliza para optimizar procesos, mejorar la eficiencia operativa y reducir costos. Por ejemplo, en la cadena de suministro, la IA ayuda en la planificación de la demanda, la gestión de inventario y la optimización de rutas de entrega. También se utiliza en la gestión de la calidad, el mantenimiento predictivo de equipos y la automatización de tareas repetitivas.

Recursos Humanos:

En recursos humanos, la IA tiene un impacto significativo en la gestión del talento, la contratación, el reclutamiento y la gestión del rendimiento. Los sistemas de IA pueden analizar currículums, evaluar habilidades y competencias, identificar candidatos potenciales y mejorar la retención de empleados a través de la personalización de programas de desarrollo y capacitación.

La Inteligencia Artificial (IA) tiene un impacto significativo en los sistemas integrados de gestión, como los sistemas de gestión de calidad bajo normas ISO 9001, sistemas de gestión ambiental ISO 14001 y sistemas de gestión de seguridad y salud ocupacional ISO 45001. A continuación, se analiza cómo la IA puede impactar positivamente estos sistemas integrados de gestión:

Optimización de procesos:

La IA puede optimizar los procesos en los sistemas integrados de gestión al automatizar tareas repetitivas y mejorar la eficiencia operativa. Por ejemplo, en un sistema de gestión de calidad, la IA puede analizar datos de producción para identificar patrones de defectos y proponer acciones correctivas de manera automática, lo que ayuda a mejorar la calidad del producto y reducir los costos de calidad.

Análisis de datos avanzado:

La IA permite un análisis de datos más avanzado en los sistemas integrados de gestión al procesar grandes volúmenes de información de manera rápida y precisa. Esto facilita la identificación de tendencias, la detección de problemas potenciales y la toma de decisiones basadas en datos en tiempo real. Por ejemplo, en un sistema de gestión ambiental, la IA puede analizar datos de emisiones y consumos para identificar oportunidades de mejora en la eficiencia energética y la reducción de impactos ambientales.

Mejora continua:

La IA impulsa la mejora continua en los sistemas integrados de gestión al proporcionar herramientas para la monitorización constante, la retroalimentación automática y la adaptación dinámica a cambios en el entorno. Por ejemplo, en un sistema de gestión de seguridad y salud ocupacional, la IA puede analizar datos de incidentes y accidentes para identificar patrones de riesgos y recomendar medidas preventivas en tiempo real.

Predicción y anticipación:

La IA facilita la predicción y anticipación de eventos en los sistemas integrados de gestión al utilizar algoritmos de aprendizaje automático para prever posibles escenarios y tomar medidas proactivas. Por ejemplo, en un sistema de gestión de calidad, la IA puede predecir tendencias de calidad en la producción y sugerir acciones preventivas para evitar problemas futuros.

Casos de estudio y ejemplos prácticos de empresas que han implementado con éxito soluciones de IA en diferentes áreas funcionales.

Marketing y Ventas:

Una empresa destacada en la implementación exitosa de soluciones de IA en marketing y ventas es Amazon. La gigante del comercio electrónico utiliza algoritmos de aprendizaje automático para personalizar la experiencia de compra de sus clientes, recomendando productos basados en el historial de compras y el comportamiento de navegación. Esto ha resultado en un aumento significativo en las tasas de conversión y en la fidelización de clientes. Además, Amazon utiliza IA para optimizar sus estrategias publicitarias, segmentar audiencias y mejorar la eficiencia de las campañas de marketing, logrando un mayor retorno de la inversión (ROI) en sus actividades de ventas.

Operaciones y Logística:

Un ejemplo destacado en el ámbito de operaciones y logística es UPS. La compañía de servicios de paquetería utiliza IA para optimizar las rutas de entrega, predecir la demanda de envíos y mejorar la gestión de inventario. Mediante el análisis de datos en tiempo real y algoritmos de IA, UPS logra reducir los costos operativos, mejorar la eficiencia en la distribución de paquetes y ofrecer tiempos de entrega más precisos y rápidos. Esta implementación de IA ha permitido a UPS mantener su posición como líder en el sector de logística y transporte.

Recursos Humanos y Gestión del Talento:

En el ámbito de recursos humanos, IBM es un caso destacado en la implementación de soluciones de IA para la gestión del talento. IBM utiliza IA para analizar currículums, evaluar habilidades y competencias de candidatos, y predecir el ajuste cultural y laboral en la empresa. Esta aplicación de IA en la contratación y gestión del talento ha mejorado la eficiencia del proceso de reclutamiento, reduciendo el tiempo de contratación y aumentando la calidad de las contrataciones. Además, IBM utiliza IA para personalizar programas de capacitación y desarrollo de empleados, mejorando la retención y el rendimiento del personal.

Bancolombia:

Bancolombia, una de las principales entidades financieras de Colombia, ha implementado con éxito soluciones de IA en diversas áreas de su negocio. Utiliza algoritmos de aprendizaje automático para analizar el comportamiento de los clientes, predecir patrones de transacciones y ofrecer recomendaciones personalizadas de productos financieros. Además, la entidad utiliza IA en la detección y prevención de fraudes, mejorando la seguridad y la confianza de sus clientes. La implementación de IA en Bancolombia ha contribuido a mejorar la experiencia del cliente, aumentar la eficiencia operativa y optimizar la toma de decisiones estratégicas.

Rappi:

Rappi, una plataforma de entrega a domicilio y servicios múltiples, ha integrado IA en su modelo de negocio para mejorar la logística y la experiencia del usuario. Utiliza algoritmos de IA para optimizar las rutas de entrega, predecir la demanda de productos y ofrecer recomendaciones personalizadas a los usuarios. Además, Rappi utiliza IA en la segmentación de clientes, la personalización de ofertas y la gestión de inventario en tiempo real. La implementación de IA en Rappi ha contribuido a aumentar la eficiencia en las entregas, reducir los tiempos de espera y mejorar la satisfacción de los clientes.

Grupo Éxito:

Grupo Éxito, una de las cadenas de supermercados más grandes de Colombia, ha adoptado soluciones de IA para mejorar la gestión de inventario y la experiencia de compra de sus clientes. Utiliza algoritmos de aprendizaje automático para analizar patrones de compra, predecir la demanda de productos y optimizar la disponibilidad de stock en sus tiendas. Además, Grupo Éxito utiliza IA en la personalización de promociones y ofertas para los clientes, aumentando la relevancia y efectividad de sus estrategias de marketing. La implementación de IA en Grupo Éxito ha permitido reducir los niveles de inventario no vendido, mejorar la planificación de compras y aumentar la satisfacción del cliente.

Estrategias para identificar oportunidades de aplicación de la IA en cada área y maximizar su impacto.

Estas son algunas estrategias para identificar oportunidades de aplicación de la Inteligencia Artificial (IA) en diferentes áreas y maximizar su impacto:

Marketing y Ventas:

Análisis de datos integrado: Implementa sistemas integrados que recopilen datos de múltiples fuentes, como CRM, redes sociales y transacciones en línea, y utiliza IA para analizar estos datos y obtener insights valiosos sobre el comportamiento del cliente y las tendencias del mercado.

Personalización avanzada: Utiliza sistemas integrados para combinar datos demográficos, historial de compras, preferencias y comportamiento de navegación, y aplica IA para personalizar ofertas, mensajes y experiencias de compra, maximizando la relevancia y efectividad de las estrategias de marketing.

Automatización inteligente: Integra sistemas de IA con plataformas de automatización de marketing y ventas para crear campañas automatizadas y personalizadas en diferentes etapas del ciclo de vida del cliente, desde la generación de leads hasta la retención y fidelización.

Operaciones y Logística:

Gestión de datos centralizada: Implementa sistemas integrados de gestión de datos que consoliden información de operaciones, inventario, proveedores y clientes, y utiliza IA para analizar estos datos y optimizar la cadena de suministro, la logística y la gestión de inventario.

Mantenimiento predictivo en tiempo real: Integra sistemas de IA con sensores IoT y plataformas de gestión de activos para realizar mantenimiento predictivo en tiempo real, identificando patrones de fallos y previendo necesidades de mantenimiento en equipos y maquinaria.

Optimización de rutas y transporte: Utiliza sistemas integrados de IA y logística para optimizar rutas de entrega, planificación de flotas, gestión de almacenes y seguimiento en tiempo real de envíos, mejorando la eficiencia operativa y reduciendo costos logísticos.

Recursos Humanos y Gestión del Talento:

Integración de datos de personal: Implementa sistemas integrados de gestión de recursos humanos que integren datos de reclutamiento, desempeño, capacitación y desarrollo, y utiliza IA para analizar estos datos y tomar decisiones informadas sobre contratación, desarrollo y retención de talento.

Experiencia del empleado personalizada: Utiliza sistemas integrados de IA y HR para ofrecer experiencias personalizadas a empleados, como programas de capacitación adaptados a necesidades individuales, feedback continuo basado en desempeño y oportunidades de crecimiento personalizado.

Analítica de recursos humanos avanzada: Integra sistemas de IA con herramientas de analítica de recursos humanos para realizar análisis predictivo y prescriptivo sobre métricas de desempeño, rotación de personal, satisfacción laboral y diversidad, impulsando la toma de decisiones estratégicas en la gestión del talento.

3. Capítulo 3: Implementación de Proyectos de IA en Empresas

En el contexto empresarial actual, la Inteligencia Artificial (IA) se ha consolidado como una herramienta fundamental para la innovación, la optimización de procesos y la toma de decisiones estratégicas. La implementación de proyectos de IA en empresas se ha convertido en una prioridad para aquellas organizaciones que buscan mantenerse competitivas y adaptarse a un entorno empresarial cada vez más digitalizado y exigente.

Pasos clave para la implementación exitosa de proyectos de IA en las empresas.

1. **Definición de objetivos y alcance del proyecto:** Identifica claramente los objetivos que deseas lograr con el proyecto de IA, como mejorar la eficiencia operativa, aumentar la precisión en la toma de decisiones, personalizar la experiencia del cliente, entre otros.Delimita el alcance del proyecto estableciendo los recursos disponibles, el marco temporal y los resultados esperados.
2. **Selección de casos de uso adecuados:** Identifica los casos de uso de IA que se alineen con los objetivos y necesidades de tu empresa. Esto puede incluir la optimización de procesos, la predicción de tendencias, la detección de fraudes, la personalización de productos o servicios, entre otros. Prioriza los casos de uso en función de su impacto potencial y la viabilidad de implementación.
3. **Recopilación y preparación de datos:** Recolecta y prepara los datos necesarios para el proyecto de IA, asegurándote de tener un conjunto de datos completo, limpio y representativo. Aplica técnicas de limpieza, transformación y enriquecimiento de datos para garantizar la calidad y relevancia de la información utilizada por los modelos de IA.
4. **Desarrollo y entrenamiento de modelos de IA**: Selecciona las herramientas y plataformas de desarrollo de IA adecuadas para el proyecto, como TensorFlow, PyTorch, scikit-learn, entre otras. Diseña, desarrolla y entrena modelos de IA utilizando algoritmos y técnicas apropiadas, como aprendizaje supervisado, no supervisado o por refuerzo, según el caso de uso específico.
5. **Validación y evaluación de modelos:** Evalúa la precisión, el rendimiento y la robustez de los modelos de IA utilizando conjuntos de datos de validación y pruebas. Realiza pruebas piloto y validaciones en entornos controlados para

verificar el funcionamiento y la efectividad de los modelos antes de su implementación completa.

6. **Implementación y despliegue de soluciones:** Integra los modelos de IA desarrollados en los sistemas y procesos existentes de la empresa, asegurando una implementación fluida y compatible. Despliega las soluciones de IA en producción y realiza un monitoreo continuo para garantizar su rendimiento, ajustando y mejorando los modelos según sea necesario.
7. **Seguimiento y mantenimiento:** Establece métricas y KPIs para medir el impacto y el retorno de inversión (ROI) del proyecto de IA a lo largo del tiempo.Implementa un plan de mantenimiento y actualización periódica de los modelos de IA para garantizar su relevancia y efectividad en el tiempo.
8. **Capacitación y adopción:** Capacita a los equipos internos sobre el uso y la interpretación de los resultados de IA para asegurar una adopción efectiva y una utilización óptima de las soluciones implementadas.

Selección de herramientas, algoritmos y plataformas adecuadas.

La selección de herramientas, algoritmos y plataformas adecuadas es fundamental para el éxito de un proyecto de Inteligencia Artificial (IA) en una empresa. A continuación, te proporciono una guía para realizar esta selección de manera efectiva:

Herramientas de Desarrollo y Entrenamiento de Modelos:

- Python: Es uno de los lenguajes más utilizados en el desarrollo de IA debido a su amplia variedad de librerías y frameworks como TensorFlow, Keras, PyTorch, scikit-learn, entre otros.
- R: Especialmente útil para análisis estadístico y visualización de datos, con librerías como caret, randomForest, ggplot2, entre otras.
- Jupyter Notebooks: Proporciona un entorno interactivo para el desarrollo de código y la visualización de resultados, facilitando la experimentación y colaboración en proyectos de IA.

Plataformas de Desarrollo y Despliegue:

- **Google Cloud AI Platform:** Ofrece herramientas para desarrollar, entrenar y desplegar modelos de IA en la nube, con soporte para TensorFlow, scikit-learn y otros frameworks.
- **Amazon SageMaker:** Proporciona una plataforma completa para el desarrollo, entrenamiento y despliegue de modelos de IA en la nube de Amazon Web Services (AWS), con integración con TensorFlow, PyTorch, entre otros.
- **Microsoft Azure Machine Learning:** Permite desarrollar y desplegar modelos de IA utilizando herramientas y servicios de IA de Microsoft, como Azure ML Studio, Azure ML Services y Azure ML Designer.

Algoritmos de IA:

- **Aprendizaje Supervisado:** Algoritmos como Regresión Lineal, Regresión Logística, Árboles de Decisión, Bosques Aleatorios, Máquinas de Vectores de Soporte (SVM), Redes Neuronales Artificiales (ANN), y Gradient Boosting Machines (GBM) son comunes para problemas de clasificación y regresión.
- **Aprendizaje No Supervisado**: Algoritmos como Clustering (K-Means, DBSCAN), Reducción de Dimensionalidad (PCA, t-SNE), y Asociación de Reglas (Apriori) se utilizan para identificar patrones y estructuras en datos no etiquetados.
- **Aprendizaje por Refuerzo**: Algoritmos como Q-Learning, SARSA, y Deep Q-Networks (DQN) se emplean en situaciones de toma de decisiones secuenciales con recompensas y penalizaciones.

Librerías y Frameworks Especializados:

- TensorFlow: Ampliamente utilizado para el desarrollo de modelos de IA, con soporte para aprendizaje profundo (deep learning), redes neuronales convolucionales (CNN), redes neuronales recurrentes (RNN), y más.
- PyTorch: Otra opción popular para el desarrollo de modelos de IA, especialmente apreciada por su flexibilidad y facilidad de uso en la experimentación con modelos complejos.
- scikit-learn: Ideal para algoritmos de aprendizaje automático clásico, con una amplia variedad de herramientas para preprocesamiento de datos, selección de características, y evaluación de modelos.

- H2O.ai: Esta plataforma ofrece herramientas para el desarrollo y despliegue de modelos de aprendizaje automático y aprendizaje profundo. H2O.ai proporciona una interfaz fácil de usar, soporte para diversos algoritmos de IA y capacidades de escalabilidad para manejar grandes conjuntos de datos.
- IBM Watson Studio: Es una plataforma integral de IA y aprendizaje automático desarrollada por IBM. Watson Studio permite a los equipos de datos y científicos de datos colaborar en la creación y despliegue de modelos de IA, además de ofrecer herramientas avanzadas de visualización y análisis de datos.
- Databricks: Esta plataforma de análisis de datos basada en Apache Spark es ampliamente utilizada en proyectos de IA y big data. Databricks proporciona capacidades de procesamiento distribuido, colaboración en tiempo real y soporte para bibliotecas de IA como TensorFlow, PyTorch y scikit-learn.
- KNIME: Es una plataforma de análisis de datos y creación de flujos de trabajo visuales que también incluye componentes para el desarrollo y despliegue de modelos de IA. KNIME ofrece una interfaz intuitiva para la construcción de pipelines de datos y modelos de aprendizaje automático.
- RapidMiner: Esta herramienta proporciona un entorno integrado para la preparación de datos, modelado predictivo y despliegue de modelos de IA. RapidMiner ofrece funciones de arrastrar y soltar, así como una amplia gama de algoritmos de aprendizaje automático y análisis avanzado de datos.

Gestión eficiente de datos y aspectos éticos en el uso de la IA.

La gestión eficiente de datos es un pilar fundamental en el desarrollo y la implementación de proyectos de Inteligencia Artificial (IA). En este contexto, las empresas deben adoptar estrategias y herramientas para recolectar, almacenar, procesar y analizar datos de manera efectiva, garantizando su calidad, integridad y seguridad. La IA se nutre de datos de alta calidad y relevancia para generar modelos y decisiones precisas, por lo que una gestión adecuada de datos es crucial para el éxito de cualquier iniciativa de IA.

Sin embargo, junto con la gestión eficiente de datos, también es esencial abordar aspectos éticos en el uso de la IA. Esto incluye consideraciones sobre la privacidad de los datos, la transparencia en los procesos de toma de decisiones, la equidad en el tratamiento de los usuarios y la responsabilidad en el uso de algoritmos de IA. Las empresas deben establecer políticas y prácticas éticas que guíen el desarrollo y la implementación de sistemas de IA, asegurando que se respeten los derechos y valores fundamentales de las personas y la sociedad en general.

Desarrollo de una cultura organizacional orientada a la innovación y la adopción de la IA:

El desarrollo de una cultura organizacional orientada a la innovación y la adopción de la Inteligencia Artificial (IA) es un factor clave para el éxito en la era digital. Las empresas deben fomentar un ambiente de colaboración, experimentación y aprendizaje continuo, donde la innovación sea valorada y promovida en todos los niveles de la organización. Esto implica la creación de estructuras y procesos que faciliten la generación de ideas, la prueba de conceptos y la implementación de soluciones innovadoras basadas en IA.

Además, una cultura organizacional centrada en la IA requiere el desarrollo de habilidades y competencias digitales en los equipos de trabajo. Esto incluye la capacitación en herramientas y tecnologías de IA, la comprensión de los principios y aplicaciones de la IA en diferentes áreas de la empresa, y la capacidad de adaptarse a un entorno empresarial en constante evolución. Al cultivar una cultura de innovación y adopción de la IA, las empresas pueden aprovechar al máximo el potencial transformador de esta tecnología y mantenerse competitivas en un mercado cada vez más digitalizado y exigente.

4. Capítulo 4: Aplicaciones Prácticas en los Negocios

Análisis de Datos y Predicción de Tendencias: La IA permite analizar grandes volúmenes de datos de manera eficiente y extraer información valiosa para la toma de decisiones estratégicas. Mediante algoritmos de aprendizaje automático y técnicas de análisis predictivo, las empresas pueden identificar patrones, tendencias y oportunidades de negocio, así como predecir comportamientos futuros del mercado y de los clientes.

Optimización de Procesos y Operaciones: La IA puede automatizar tareas repetitivas y rutinarias en áreas como la cadena de suministro, la logística, la producción y el servicio al cliente. Esto conduce a una mayor eficiencia operativa, reducción de costos, mejora en la calidad y rapidez en la entrega de productos y servicios.

Personalización y Experiencia del Cliente: Mediante sistemas de recomendación basados en IA, las empresas pueden ofrecer experiencias personalizadas a sus clientes, adaptando productos, servicios y contenido a sus preferencias y comportamientos individuales. Esto aumenta la satisfacción del cliente, fideliza la clientela y mejora la retención.

Detección de Fraudes y Seguridad: La IA es utilizada para detectar patrones anómalos y comportamientos sospechosos en transacciones financieras, sistemas de seguridad y protección de datos. Esto ayuda a prevenir fraudes, identificar amenazas cibernéticas y garantizar la integridad de la información empresarial.

Automatización de Procesos de Recursos Humanos: En el ámbito de recursos humanos, la IA se emplea en la selección de talento, gestión de nóminas, análisis de desempeño, capacitación personalizada y mejora de la experiencia del empleado. Esto agiliza los procesos administrativos, optimiza la gestión del talento y aumenta la productividad del equipo.

Optimización de Marketing y Publicidad: La IA permite segmentar audiencias, analizar comportamientos de compra, personalizar campañas publicitarias, automatizar el marketing por correo electrónico y redes sociales, y medir el retorno de inversión (ROI) de las estrategias de marketing digital. Esto mejora la eficacia de las acciones de marketing, aumenta la conversión de leads y fortalece la imagen de marca.

Automatización de Procesos Empresariales:

Cómo la IA puede optimizar la eficiencia en áreas como la cadena de suministro, gestión de inventario y recursos humanos. ejemplos reales con Python

La inteligencia artificial (IA) ha transformado diversas industrias al optimizar la eficiencia en áreas clave como la cadena de suministro, la gestión de inventarios y los recursos humanos. Estos avances permiten a las empresas tomar decisiones más inteligentes, reducir costos y mejorar la productividad mediante el uso de algoritmos de aprendizaje automático, procesamiento del lenguaje natural y modelos predictivos. A continuación, se presentan ejemplos reales de cómo la IA ha sido implementada en estos campos, junto con algunas aplicaciones prácticas utilizando Python.

Optimización en la cadena de suministro

La cadena de suministro es una de las áreas más beneficiadas por la IA, permitiendo la optimización de procesos de logística y distribución. Amazon, por ejemplo, utiliza IA para mejorar la planificación de rutas de entrega y la predicción de demanda. Mediante la recopilación de datos en tiempo real y el uso de algoritmos de optimización, Amazon ajusta las rutas de sus vehículos de entrega para minimizar el tiempo de transporte y reducir costos.

Un ejemplo práctico de cómo la IA puede optimizar una cadena de suministro utilizando Python es la creación de un modelo predictivo para la demanda de productos:

```
import pandas as pd
from sklearn.model_selection import train_test_split
from sklearn.ensemble import RandomForestRegressor

# Cargar datos históricos de ventas
data = pd.read_csv('historico_ventas.csv')

# Definir las variables predictoras y el objetivo
X = data[['producto', 'fecha', 'precio', 'promocion']]
y = data['ventas']

# Dividir los datos en conjunto de entrenamiento y prueba
X_train, X_test, y_train, y_test = train_test_split(X, y, test_size=0.2)

# Entrenar un modelo de Random Forest para predecir la demanda
model = RandomForestRegressor()
model.fit(X_train, y_train)

# Realizar predicciones
predicciones = model.predict(X_test)
```

Experiencia del Cliente Mejorada:

Personalización, análisis de sentimientos y asistentes virtuales para mejorar la relación con los clientes.

la personalización, el análisis de sentimientos y los asistentes virtuales son herramientas clave para mejorar la relación con los clientes en la actualidad. A continuación, te proporciono información sobre cada una de estas áreas y cómo pueden ser utilizadas para mejorar la experiencia del cliente:

Personalización:

La personalización en el ámbito empresarial se refiere a la capacidad de adaptar productos, servicios y comunicaciones a las necesidades, preferencias y comportamientos individuales de cada cliente. Esto se logra mediante el análisis de datos y la aplicación de técnicas de IA para segmentar la audiencia y ofrecer contenido relevante y específico a cada cliente.

Un ejemplo práctico de personalización sería el uso de algoritmos de recomendación en una plataforma de comercio electrónico. Estos algoritmos analizan el historial de compras, las búsquedas realizadas y el comportamiento de navegación de cada cliente para sugerir productos o servicios que puedan interesarles. Esto mejora la experiencia del cliente al ofrecerle opciones relevantes y aumenta la probabilidad de compra.

Análisis de Sentimientos:

El análisis de sentimientos se refiere a la capacidad de comprender y evaluar las emociones, opiniones y actitudes expresadas por los clientes en diferentes canales de comunicación, como redes sociales, correos electrónicos, encuestas, entre otros. Mediante técnicas de procesamiento del lenguaje natural (PLN) y aprendizaje automático, es posible analizar grandes volúmenes de texto y extraer información sobre el sentimiento positivo, negativo o neutral de los clientes hacia la empresa, productos o servicios.

Un ejemplo de aplicación del análisis de sentimientos sería la monitorización de redes sociales para entender la percepción de los clientes sobre una marca. Los algoritmos de IA pueden identificar comentarios positivos, que pueden ser aprovechados para fortalecer la imagen de la empresa, así como comentarios negativos, que pueden ser abordados de manera proactiva para resolver problemas y mejorar la satisfacción del cliente.

Asistentes Virtuales:

Los asistentes virtuales, también conocidos como chatbots o agentes virtuales, son programas informáticos que utilizan IA para interactuar con los clientes de manera automatizada y proporcionar respuestas a sus consultas, realizar transacciones y brindar asistencia en tiempo real. Estos asistentes pueden estar integrados en sitios web, aplicaciones móviles, plataformas de mensajería y sistemas de atención al cliente.

Un ejemplo de asistente virtual sería un chatbot implementado en el sitio web de una empresa de telecomunicaciones. El chatbot puede responder preguntas frecuentes sobre planes y servicios, ayudar a los clientes a realizar pagos o recargar sus cuentas, y programar citas con representantes de servicio al cliente. Esto mejora la experiencia del cliente al proporcionar respuestas rápidas y precisas a sus necesidades.

Desafíos y Consideraciones Éticas en la Adopción de la IA

La adopción de la Inteligencia Artificial (IA) conlleva diversos desafíos y consideraciones éticas que deben ser abordados de manera cuidadosa por las empresas y la sociedad en general. A continuación, se presentan algunos de los desafíos y consideraciones éticas más relevantes en la adopción de la IA:

Transparencia y Explicabilidad:

Uno de los principales desafíos éticos de la IA es la falta de transparencia y explicabilidad en los modelos y decisiones automatizadas. Los algoritmos de IA pueden ser complejos y difíciles de entender, lo que puede llevar a la falta de confianza por parte de los usuarios y la imposibilidad de explicar las decisiones tomadas por el sistema. Es fundamental que las empresas sean transparentes en el uso de la IA, proporcionando información clara sobre cómo se utilizan los datos, cómo se toman las decisiones y cómo se gestionan los posibles sesgos algorítmicos.

Privacidad y Protección de Datos:

El uso de la IA implica la recopilación, almacenamiento y análisis de grandes cantidades de datos, lo que plantea preocupaciones sobre la privacidad y la protección de datos personales. Es crucial garantizar que los datos sean utilizados de manera ética y respetando la privacidad de los individuos. Las empresas deben implementar medidas de seguridad y cumplir con regulaciones como el Reglamento General de Protección de Datos (GDPR) para proteger la información confidencial de los clientes y empleados.

Sesgos y Discriminación:

Los algoritmos de IA pueden estar sesgados debido a la calidad de los datos utilizados para entrenar los modelos, lo que puede llevar a decisiones discriminatorias o injustas. Es importante identificar y mitigar los sesgos algorítmicos para garantizar que la IA no contribuya a la discriminación basada en género, raza, edad u otras características protegidas. Las empresas deben implementar técnicas de corrección de sesgos y realizar evaluaciones periódicas de los modelos de IA para evitar resultados discriminatorios.

Responsabilidad y Rendición de Cuentas:

Otro desafío ético importante es establecer la responsabilidad y rendición de cuentas en el uso de la IA. Las empresas deben asumir la responsabilidad por las decisiones tomadas por los sistemas de IA y garantizar que exista un mecanismo claro para responsabilizar a las partes involucradas en caso de errores o consecuencias negativas. Esto incluye establecer políticas de uso ético de la IA, capacitar a los empleados en aspectos éticos y legales, y establecer mecanismos de supervisión y control.

Exploración de los desafíos y riesgos potenciales asociados con la adopción de la IA, como la privacidad de los datos, el sesgo algorítmico y la seguridad.

La adopción de la Inteligencia Artificial (IA) conlleva una serie de desafíos y riesgos potenciales que deben ser explorados y abordados de manera efectiva para garantizar un uso ético y responsable de esta tecnología. A continuación, se describen algunos de los desafíos y riesgos más significativos asociados con la adopción de la IA:

Privacidad de los Datos:

Uno de los principales desafíos en la adopción de la IA es la privacidad de los datos. La IA requiere grandes cantidades de datos para entrenar modelos y tomar decisiones automatizadas. Sin embargo, la recopilación, almacenamiento y procesamiento de datos personales plantea preocupaciones sobre la privacidad y la protección de la información confidencial de los individuos. Es fundamental garantizar que se cumplan las regulaciones de privacidad de datos, como el Reglamento General de Protección de Datos (GDPR) en Europa, y que se implementen medidas de seguridad adecuadas para proteger la privacidad de los usuarios.

Sesgo Algorítmico:

El sesgo algorítmico es otro desafío importante en la adopción de la IA. Los algoritmos de IA pueden estar sesgados debido a la calidad de los datos utilizados para entrenarlos, lo que puede llevar a decisiones discriminatorias o injustas. Por ejemplo, si un modelo de IA se entrena con datos históricos que reflejan sesgos sociales o culturales, es probable que reproduzca esos sesgos en sus decisiones futuras. Es esencial identificar y mitigar los sesgos algorítmicos mediante la corrección de datos, el uso de conjuntos de datos diversificados y el monitoreo continuo de los modelos de IA.

Seguridad:

La seguridad es otro riesgo potencial asociado con la adopción de la IA. Los sistemas de IA pueden ser vulnerables a ataques cibernéticos, manipulación de datos y robos de información. Además, la dependencia excesiva de la IA para la toma de decisiones críticas puede aumentar el riesgo de errores o malentendidos que podrían tener consecuencias negativas. Es importante implementar medidas de seguridad robustas, como cifrado de datos, autenticación de usuarios y auditorías regulares, para proteger los sistemas de IA y los datos sensibles.

Estrategias y mejores prácticas para mitigar los riesgos y garantizar la ética y la transparencia en el uso de la IA.

estas son algunas estrategias y mejores prácticas, las organizaciones pueden mitigar los riesgos asociados con la IA y garantizar un uso ético, transparente y responsable de esta tecnología para beneficio de la sociedad en su conjunto:

- Recopilación de Datos Ética:Implementar políticas claras y transparentes sobre la recopilación de datos, asegurando el consentimiento informado de los usuarios para su uso. Minimizar la recopilación de datos personales innecesarios y garantizar su anonimización cuando sea posible.
- Gestión de Sesgos Algorítmicos: Realizar evaluaciones regulares de los modelos de IA para identificar y corregir sesgos algorítmicos. Utilizar conjuntos de datos diversificados y representativos para el entrenamiento de modelos y evitar la reproducción de sesgos existentes.
- Transparencia y Explicabilidad: Proporcionar información clara y comprensible sobre cómo funcionan los modelos de IA y cómo se toman las decisiones.Desarrollar herramientas y métricas para evaluar la transparencia y aplicabilidad de los sistemas de IA.
- Protección de la Privacidad: Implementar medidas de seguridad robustas, como cifrado de datos y control de acceso, para proteger la privacidad de los datos almacenados y procesados por los sistemas de IA. Cumplir con regulaciones de privacidad de datos, como el GDPR, y establecer políticas de retención y eliminación de datos.
- Auditorías y Supervisión Continua: Realizar auditorías periódicas de los sistemas de IA para garantizar su funcionamiento ético y transparente. Establecer mecanismos de supervisión y control para detectar y abordar posibles problemas o violaciones éticas.
- Capacitación y Concienciación: Capacitar a los empleados y equipos involucrados en el desarrollo y uso de la IA sobre aspectos éticos, legales y de cumplimiento. Fomentar una cultura organizacional que promueva la responsabilidad y la toma de decisiones éticas en relación con la IA.
- Colaboración y Diálogo: Fomentar la colaboración y el diálogo con expertos en ética, reguladores, grupos de interés y la sociedad en general para abordar los desafíos éticos y sociales asociados con la IA. Participar en iniciativas y estándares éticos a nivel industria y global para promover prácticas responsables en el uso de la IA.

Impacto social y laboral de la IA y cómo las empresas pueden abordar estos aspectos de manera responsable.

El impacto social y laboral de la Inteligencia Artificial (IA) es una preocupación creciente en la actualidad, ya que esta tecnología está transformando rápidamente diversos aspectos de la sociedad y el mercado laboral. A continuación, se abordarán algunos de los principales aspectos del impacto social y laboral de la IA, así como las estrategias que las empresas pueden implementar para abordar estos aspectos de manera responsable.

Impacto Social de la IA:

La IA está teniendo un impacto significativo en la sociedad en múltiples niveles. Por un lado, está mejorando la eficiencia y la calidad de vida en áreas como la salud, la educación y la movilidad. Por ejemplo, los sistemas de IA pueden diagnosticar enfermedades con mayor precisión, personalizar la educación para cada estudiante y optimizar el transporte público. Sin embargo, también existen preocupaciones sobre el impacto social negativo de la IA, como el desempleo tecnológico, la brecha digital y la privacidad de los datos. La automatización impulsada por la IA está cambiando la naturaleza de muchos trabajos, lo que puede resultar en la pérdida de empleos en ciertas industrias y la necesidad de reentrenamiento para los trabajadores afectados. Además, la recopilación masiva de datos por parte de sistemas de IA plantea desafíos en términos de privacidad y seguridad de la información.

Impacto Laboral de la IA:

El impacto laboral de la IA es uno de los aspectos más discutidos en la actualidad. Si bien la IA puede crear nuevas oportunidades laborales en áreas como la ciencia de datos, la ingeniería de IA y la gestión de proyectos tecnológicos, también plantea desafíos para ciertos sectores y perfiles laborales.

Las empresas están adoptando la IA para mejorar la eficiencia operativa, reducir costos y ofrecer productos y servicios innovadores. Sin embargo, esto puede implicar la automatización de tareas rutinarias y repetitivas, lo que podría afectar a trabajadores en roles administrativos, de manufactura y de servicios. Es crucial que las empresas aborden estos cambios laborales de manera responsable, brindando oportunidades de reentrenamiento y reciclaje profesional para los trabajadores afectados y fomentando una cultura de aprendizaje continuo y adaptabilidad.

Estrategias para Abordar Aspectos Sociales y Laborales de la IA:

Para abordar estos aspectos de manera responsable, las empresas pueden implementar diversas estrategias:

- Invertir en programas de formación y reentrenamiento para los trabajadores afectados por la automatización, promoviendo habilidades digitales y competencias relacionadas con la IA.
- Fomentar la diversidad e inclusión en la implementación de la IA, evitando sesgos algorítmicos y garantizando la equidad en las oportunidades laborales.
- Colaborar con organismos reguladores, instituciones educativas y la sociedad civil para desarrollar marcos éticos y legales que guíen el uso responsable de la IA.
- Promover una cultura organizacional que valore la ética, la transparencia y la responsabilidad en el desarrollo y uso de la IA, involucrando a los empleados en la toma de decisiones éticas y sociales.

5. Capítulo 5: Futuro de la Inteligencia Artificial en el Mundo Empresarial y la gestión de calidad

Futuro de la Inteligencia Artificial en el Mundo Empresarial y Gestión de la Calidad

El futuro de la Inteligencia Artificial (IA) en el mundo empresarial está intrínsecamente ligado a la gestión de la calidad, ya que la IA no solo transforma la forma en que las empresas operan, sino que también ofrece nuevas oportunidades para mejorar la calidad de los productos y servicios. En este contexto, es esencial explorar cómo la IA y la gestión de la calidad pueden converger para impulsar el éxito empresarial en el futuro.

Integración de la IA en la Gestión de la Calidad:

La IA tiene el potencial de revolucionar la gestión de la calidad al proporcionar herramientas y técnicas avanzadas para el monitoreo, análisis y mejora continua de los procesos empresariales. Los sistemas de IA pueden analizar grandes volúmenes de datos de calidad, identificar tendencias, predecir problemas potenciales y sugerir acciones correctivas y preventivas de manera automatizada y eficiente. Esto permite a las empresas tomar decisiones más informadas y proactivas para garantizar la calidad en todas las etapas de producción y servicio.

Optimización de Procesos y Reducción de Errores:

La IA puede ayudar a optimizar los procesos de calidad al identificar patrones y anomalías en los datos de producción, lo que permite una detección temprana de posibles defectos o problemas de calidad. Además, los sistemas de IA pueden automatizar tareas de inspección y control de calidad, reduciendo la probabilidad de errores humanos y mejorando la precisión y consistencia en la evaluación de la calidad. Esto se traduce en una mayor eficiencia operativa y una reducción de costos asociados con defectos y retrabajos.

Gestión Predictiva y Proactiva de la Calidad:

La IA también permite una gestión predictiva y proactiva de la calidad al anticipar problemas potenciales antes de que ocurran. Mediante el análisis de datos históricos y en tiempo real, los sistemas de IA pueden identificar patrones de comportamiento y tendencias que indican posibles desviaciones en la calidad. Esto permite a las empresas tomar medidas preventivas para evitar problemas de calidad, mejorar la satisfacción del cliente y mantener la reputación de la marca.

Por ejemplo, la IA puede analizar datos históricos de producción y detectar patrones que indiquen un aumento en la tasa de defectos. Con esta información, las empresas pueden implementar ajustes en tiempo real en sus procesos para evitar problemas de calidad y mantener altos estándares de satisfacción del cliente. Esta capacidad predictiva también se extiende a la gestión de inventarios y suministros, donde la IA puede prever demandas futuras y optimizar la gestión de recursos para evitar escasez o exceso de stock.

Cumplimiento Normativo y Mejora Continua:

La IA facilita el cumplimiento normativo al automatizar la generación de informes, análisis y documentación de estándares de calidad y regulaciones. Los sistemas de IA pueden monitorear el cumplimiento de normativas internas y externas, así como realizar auditorías virtuales para identificar posibles áreas de riesgo o no conformidades.

Además, la IA impulsa la mejora continua al analizar datos en tiempo real y en gran escala para identificar oportunidades de optimización en los procesos. Los algoritmos de IA pueden sugerir mejoras basadas en datos objetivos y análisis detallados, lo que permite a las empresas tomar decisiones informadas para incrementar la eficiencia, reducir costos y mejorar la calidad de forma constante.

Tendencias emergentes en IA y su posible impacto en las empresas.

a continuación, te presento que exploran las tendencias emergentes en Inteligencia Artificial (IA) y su posible impacto en las empresas:

Aprendizaje Automático Avanzado y Modelos Generativos:

Una de las tendencias más destacadas en la IA es el avance del aprendizaje automático, especialmente en el desarrollo de modelos generativos. Estos modelos, como las Redes Generativas Adversarias (GANs), tienen la capacidad de generar datos nuevos y realistas a partir de conjuntos de datos existentes. Esto tiene un impacto significativo en diversas industrias, como el diseño de productos, la creación de contenido multimedia y la simulación de escenarios. Las empresas pueden utilizar modelos generativos para optimizar el proceso de diseño y prototipado, generar contenido personalizado para sus clientes y realizar simulaciones avanzadas para la toma de decisiones estratégicas.

Inteligencia Artificial Explicable (XAI):

Otra tendencia emergente en la IA es la búsqueda de mayor transparencia y explicabilidad en los modelos de IA. La Inteligencia Artificial Explicable (XAI) se centra en desarrollar algoritmos y técnicas que permitan comprender y explicar cómo los sistemas de IA toman decisiones. Esto es crucial para sectores como la salud, la justicia y las finanzas, donde las decisiones de IA deben ser comprensibles y justificables. Las empresas que adoptan XAI pueden mejorar la confianza en sus sistemas de IA, mitigar el riesgo de sesgos algorítmicos y garantizar la conformidad con regulaciones y estándares éticos.

Automatización Inteligente y Procesamiento de Lenguaje Natural (PLN) Avanzado:

La automatización inteligente y el procesamiento de lenguaje natural (PLN) avanzado son tendencias que están transformando la forma en que las empresas interactúan con los datos y la información. Los sistemas de IA pueden automatizar tareas complejas y cognitivas, como la atención al cliente, la gestión de documentos y la generación de informes, mediante el uso de algoritmos de PLN y técnicas de procesamiento de datos no estructurados. Esto permite a las empresas mejorar la eficiencia operativa, reducir errores y ofrecer experiencias personalizadas y contextualizadas a sus clientes. Además, la combinación de automatización inteligente y PLN avanzado abre nuevas oportunidades para la innovación y la creación de productos y servicios diferenciados en el mercado.

Estas tendencias emergentes en Inteligencia Artificial tienen el potencial de impactar significativamente a las empresas en diversos aspectos, desde la optimización de procesos hasta la mejora de la experiencia del cliente y la toma de decisiones estratégicas. Es fundamental que las empresas estén al tanto de estas tendencias y aprovechen las oportunidades que ofrecen para mantenerse competitivas y adaptarse a un entorno empresarial en constante evolución.

Visión a largo plazo sobre el papel de la IA en la transformación digital y la innovación empresarial.

la visión a largo plazo sobre el papel de la IA en la transformación digital y la innovación empresarial es una perspectiva optimista y transformadora. Al adoptar una estrategia integral y centrada en el valor de la IA, las empresas pueden liderar la próxima era de la digitalización y generar un impacto significativo en la sociedad y el mercado global, he aquí una perspectiva mucho mas centralizada al respecto:

Impulso de la Transformación Digital:

La Inteligencia Artificial (IA) desempeña un papel fundamental en la transformación digital de las empresas, ya que permite automatizar procesos, mejorar la toma de decisiones y ofrecer experiencias personalizadas a los clientes. En el largo plazo, se espera que la IA sea un catalizador clave para la adopción generalizada de tecnologías digitales en todas las áreas de una empresa, desde la gestión operativa hasta la interacción con los clientes. La capacidad de la IA para analizar grandes volúmenes de datos, identificar patrones y generar insights accionables permite a las empresas optimizar sus operaciones, desarrollar productos y servicios innovadores y adaptarse rápidamente a las demandas cambiantes del mercado.

Innovación Empresarial y Nuevos Modelos de Negocio:

La IA también impulsa la innovación empresarial al proporcionar herramientas y capacidades avanzadas para la creación y mejora de productos y servicios. En el largo plazo, las empresas que adoptan de manera efectiva la IA podrán desarrollar nuevos modelos de negocio basados en datos y automatización inteligente. Esto incluye la personalización masiva de productos, la predicción de tendencias de mercado, la optimización de la cadena de suministro y la creación de experiencias de usuario únicas. Además, la IA permite a las empresas explorar nuevas oportunidades de colaboración y asociación en ecosistemas digitales, creando sinergias y ventajas competitivas significativas.

Impacto en la Cultura Organizacional y la Fuerza Laboral:

La visión a largo plazo sobre el papel de la IA en la transformación digital también abarca el impacto en la cultura organizacional y la fuerza laboral. Las empresas deben prepararse para adoptar una cultura centrada en la innovación, la colaboración y la agilidad, donde la IA se integre de manera natural en todos los aspectos del negocio. Esto implica la capacitación y el desarrollo de habilidades en IA para los empleados, así como la redefinición de roles y responsabilidades para aprovechar al máximo las capacidades de la IA. Al mismo tiempo, es crucial abordar aspectos éticos y sociales relacionados con el uso de la IA, garantizando la equidad, la transparencia y la responsabilidad en su implementación y aplicación.

Creación de Valor y Sostenibilidad Empresarial:

En última instancia, la visión a largo plazo sobre el papel de la IA en la transformación digital y la innovación empresarial se centra en la creación de valor y la sostenibilidad empresarial a largo plazo. Las empresas que logran integrar la IA de manera efectiva no solo mejorarán su competitividad y rentabilidad, sino que también contribuirán al desarrollo de soluciones innovadoras para desafíos sociales y medioambientales. La IA puede ser un motor de cambio positivo al impulsar la eficiencia, la productividad y la calidad de vida, al tiempo que se fomenta la responsabilidad corporativa y el impacto social positivo.

6. Capítulo 6: Tomando Decisiones Informadas

Análisis Predictivo y Prescriptivo:

El análisis predictivo y prescriptivo son dos enfoques fundamentales en el ámbito de la analítica avanzada que permiten a las empresas tomar decisiones informadas y anticiparse a eventos futuros. Estos métodos utilizan datos históricos, algoritmos de aprendizaje automático y modelos estadísticos para prever tendencias, identificar patrones ocultos y recomendar acciones óptimas. A continuación, exploraremos en detalle el análisis predictivo y prescriptivo y cómo benefician a las organizaciones.

Análisis Predictivo:

El análisis predictivo se enfoca en prever eventos futuros utilizando datos históricos y modelos estadísticos avanzados. Este enfoque permite a las empresas anticipar tendencias, identificar patrones y realizar proyecciones sobre resultados futuros. Por ejemplo, en el sector financiero, el análisis predictivo se utiliza para predecir el comportamiento del mercado, el riesgo crediticio y las tendencias de inversión. En el ámbito de la salud, se emplea para pronosticar la probabilidad de enfermedades y optimizar los tratamientos. En el sector minorista, se utiliza para prever la demanda de productos y optimizar el inventario. En resumen, el análisis predictivo proporciona información valiosa que ayuda a las empresas a tomar decisiones estratégicas y a planificar acciones futuras de manera más efectiva.

Análisis Prescriptivo:

El análisis prescriptivo va un paso más allá del análisis predictivo al ofrecer recomendaciones y acciones óptimas para lograr resultados específicos. Este enfoque utiliza algoritmos avanzados para simular diferentes escenarios y determinar la mejor manera de alcanzar objetivos predeterminados. Por ejemplo, en el ámbito de la logística, el análisis prescriptivo ayuda a optimizar las rutas de entrega y la asignación de recursos para minimizar costos y tiempos de entrega. En el sector de ventas y marketing, se utiliza para recomendar estrategias de precios, promociones y segmentación de clientes. En la gestión de la cadena de suministro, se emplea para optimizar la gestión de inventarios y reducir los costos de almacenamiento. En definitiva, el análisis prescriptivo ofrece a las empresas una guía clara sobre las acciones que deben tomar para lograr resultados óptimos y maximizar el valor de sus operaciones.

Beneficios para las Empresas:

Tanto el análisis predictivo como el prescriptivo ofrecen beneficios significativos para las empresas. El análisis predictivo permite a las organizaciones anticiparse a eventos futuros, mitigar riesgos y aprovechar oportunidades emergentes. Por otro lado, el análisis prescriptivo ayuda a optimizar procesos, mejorar la toma de decisiones y maximizar el rendimiento operativo y financiero. En conjunto, estos enfoques permiten a las empresas ser más proactivas, eficientes y competitivas en un entorno empresarial dinámico y cambiante. Al utilizar técnicas avanzadas de analítica, las empresas pueden tomar decisiones más informadas, reducir costos, mejorar la satisfacción del cliente y generar valor añadido en todas sus operaciones.

Cómo utilizar la IA para prever tendencias y tomar decisiones más informadas.

Utilizar la Inteligencia Artificial (IA) para prever tendencias y tomar decisiones más informadas implica seguir un proceso estructurado que involucra la recopilación y análisis de datos, la aplicación de algoritmos de aprendizaje automático y la interpretación de resultados. A continuación, se presentan los pasos clave para utilizar la IA de manera efectiva en este contexto:

Recopilación y Preparación de Datos:

El primer paso es recopilar datos relevantes que puedan proporcionar información sobre las tendencias que se desea prever. Estos datos pueden incluir información histórica, datos de mercado, datos de clientes, datos de redes sociales, entre otros. Una vez recopilados, es crucial preparar y limpiar los datos para eliminar errores, duplicados y datos irrelevantes, garantizando así la calidad de los datos para su análisis posterior.

Análisis Exploratorio de Datos (EDA):

El análisis exploratorio de datos es una etapa importante para comprender la naturaleza de los datos y identificar patrones o tendencias iniciales. En esta fase, se utilizan técnicas de visualización de datos y análisis estadístico para explorar relaciones entre variables, identificar correlaciones y detectar posibles anomalías o insights que puedan ser útiles para prever tendencias.

Selección y Entrenamiento de Modelos de IA:

Una vez que los datos han sido preparados y analizados, se procede a seleccionar y entrenar modelos de IA adecuados para prever tendencias. Esto implica elegir algoritmos de aprendizaje automático como regresión lineal, árboles de decisión, redes neuronales, entre otros, y entrenarlos utilizando datos históricos para que puedan aprender patrones y hacer predicciones futuras.

Validación y Evaluación del Modelo:

Es importante validar y evaluar el modelo de IA para asegurarse de que sea preciso y confiable en sus predicciones. Esto se logra dividiendo los datos en conjuntos de entrenamiento y prueba, y evaluando el rendimiento del modelo utilizando métricas como precisión, recall, F1-score, entre otras. Si el modelo muestra buenos resultados en la validación, se procede a utilizarlo para prever tendencias.

Predicción de Tendencias y Toma de Decisiones:

Una vez que el modelo de IA ha sido validado y evaluado, se utiliza para prever tendencias futuras basadas en los datos disponibles. Estas predicciones pueden incluir proyecciones de ventas, demanda de productos, comportamiento del mercado, entre otros. Con esta información, las empresas pueden tomar decisiones más informadas y estratégicas, como ajustar inventarios, planificar campañas de marketing, optimizar recursos y anticiparse a cambios en el entorno empresarial.

Importancia de la calidad y seguridad de los datos en entornos empresariales impulsados por la IA.

En la era de la inteligencia artificial (IA), los datos se han convertido en el principal activo para las empresas. A medida que las organizaciones integran cada vez más la IA en sus operaciones, la calidad y la seguridad de los datos adquieren una importancia crucial. Los algoritmos de IA son tan buenos como los datos que los alimentan. Si los datos son inexactos, incompletos o vulnerables a ataques, las decisiones derivadas de ellos también lo serán, lo que puede generar consecuencias negativas para las empresas. La relevancia de este tema ha sido abordada por varios autores, entre ellos Cathy O'Neil y Martin Ford, quienes han profundizado en los peligros y desafíos relacionados con el manejo de datos en la IA.

La calidad de los datos se refiere a cuán precisos, completos, relevantes y consistentes son los datos utilizados para entrenar los modelos de IA. Según O'Neil (2016), en su libro Weapons of Math Destruction, los modelos predictivos de IA pueden amplificar sesgos preexistentes si se entrenan con datos defectuosos o tendenciosos. Esto es especialmente preocupante en entornos empresariales donde las decisiones automatizadas pueden afectar no solo las operaciones internas, sino también a los clientes y empleados. Por ejemplo, un sistema de contratación impulsado por IA podría discriminar inadvertidamente a ciertos grupos demográficos si los datos históricos reflejan sesgos de género o raza. La falta de calidad en los datos puede llevar a decisiones injustas o incorrectas que dañen la reputación de la empresa.

Asimismo, la seguridad de los datos es fundamental en entornos empresariales impulsados por IA. A medida que las empresas recopilan y almacenan grandes cantidades de datos sensibles, el riesgo de ciberataques y violaciones de datos aumenta exponencialmente. Según Martin Ford (2018), en su libro Architects of Intelligence, la creciente dependencia de la IA hace que las empresas sean más vulnerables a ciberataques que podrían comprometer la confidencialidad y la integridad de los datos. Un ataque a los datos de una empresa no solo podría afectar su capacidad operativa, sino también poner en peligro la privacidad de sus clientes y empleados, dañando la confianza en la marca.

Además, la seguridad de los datos es esencial para cumplir con las normativas legales. La entrada en vigor de leyes como el Reglamento General de Protección de Datos (GDPR) en la Unión Europea ha impuesto estrictos requisitos sobre cómo las empresas deben manejar y proteger los datos personales. No cumplir con estas regulaciones puede resultar en sanciones económicas significativas y un impacto negativo en la reputación empresarial.

Por lo tanto, para maximizar los beneficios de la IA en los entornos empresariales, es crucial garantizar que los datos sean de alta calidad y estén protegidos adecuadamente. Las empresas deben implementar prácticas rigurosas de gestión de datos, como la validación constante, la detección de anomalías y el uso de protocolos de encriptación para proteger los datos sensibles. Asimismo, es vital que las organizaciones promuevan una cultura de ética en el uso de datos, fomentando la transparencia en cómo los algoritmos de IA toman decisiones y asegurándose de que estas decisiones sean justas y no discriminatorias.

La importancia de la calidad y seguridad de los datos en entornos empresariales impulsados por la Inteligencia Artificial (IA) es fundamental para garantizar la eficacia, confiabilidad y ética en el uso de esta tecnología. A continuación, se detallan los aspectos clave de la calidad y seguridad de los datos en el contexto de la IA en las empresas:

Eficacia de los Modelos de IA:

La calidad de los datos es un factor determinante en la eficacia de los modelos de IA. Los modelos de aprendizaje automático y análisis de datos dependen de conjuntos de datos precisos, completos y representativos para generar resultados significativos y fiables. Si los datos utilizados para entrenar y alimentar los modelos de IA son incompletos, inexactos o sesgados, es probable que los resultados también lo sean. Por lo tanto, asegurar la calidad de los datos desde su origen hasta su uso en los modelos de IA es crucial para obtener predicciones y recomendaciones precisas.

Confianza y Fiabilidad:

La seguridad de los datos juega un papel esencial en la confianza y fiabilidad de los sistemas impulsados por IA. Los datos deben estar protegidos contra accesos no autorizados, pérdida, corrupción o manipulación para garantizar la integridad y confidencialidad de la información. Esto es especialmente relevante en áreas sensibles como la salud, finanzas, seguridad y privacidad de los clientes. La implementación de medidas de seguridad como cifrado, autenticación, control de acceso y auditorías regulares contribuye a mantener la confianza de los usuarios y mitigar riesgos relacionados con la seguridad de los datos.

Ética y Transparencia:

La calidad y seguridad de los datos también están estrechamente relacionadas con consideraciones éticas y de transparencia en el uso de la IA. Es crucial que los datos utilizados en los modelos de IA sean éticamente obtenidos y representativos de la población o contexto al que se aplicarán las decisiones. Además, los procesos de toma de decisiones de los modelos de IA deben ser transparentes y explicables para evitar sesgos algorítmicos y decisiones discriminatorias. La calidad y seguridad de los datos son pilares fundamentales para garantizar la equidad, justicia y responsabilidad en el uso de la IA en entornos empresariales.

Cumplimiento Normativo:

Otro aspecto clave es el cumplimiento normativo y regulatorio en relación con la calidad y seguridad de los datos en entornos empresariales impulsados por la IA. Las empresas deben cumplir con leyes y regulaciones como el Reglamento General de Protección de Datos (GDPR), la Ley de Privacidad del Consumidor de California (CCPA) y otras normativas sectoriales que establecen requisitos específicos para la gestión, protección y uso de los datos. El incumplimiento de estas normativas puede tener consecuencias legales y reputacionales significativas para las empresas.

7. Capítulo 7: Desafíos y Consideraciones Éticas

Ética en la Inteligencia Artificial.

La ética en la Inteligencia Artificial (IA) es un tema crucial en la actualidad, ya que el uso cada vez más extendido de la IA plantea importantes desafíos éticos y morales. A continuación, se exploran los aspectos fundamentales de la ética en la IA:

Responsabilidad y Transparencia:

La ética en la IA implica la responsabilidad de los desarrolladores, empresas y usuarios en el diseño, implementación y uso de sistemas de IA. Esto incluye la transparencia en cómo se recopilan, procesan y utilizan los datos, así como en cómo se toman decisiones por parte de los algoritmos de IA. Es crucial que las empresas y organizaciones sean transparentes sobre el uso de la IA, expliquen cómo funciona y proporcionen información clara sobre las implicaciones éticas de sus aplicaciones.

Bias y Discriminación:

Uno de los desafíos éticos más importantes en la IA es el sesgo algorítmico, que puede conducir a decisiones discriminatorias o injustas. Los algoritmos de IA pueden reflejar sesgos inherentes en los datos utilizados para entrenarlos, lo que puede resultar en discriminación por motivos de género, raza, edad u otras características protegidas. Es fundamental mitigar y corregir estos sesgos para garantizar la equidad y justicia en el uso de la IA y evitar impactos negativos en grupos marginados o vulnerables.

Privacidad y Seguridad:

La ética en la IA también abarca la privacidad y seguridad de los datos. Es vital proteger la privacidad de los individuos y asegurar que los datos personales sean utilizados de manera ética y conforme a las regulaciones de protección de datos. Las empresas deben implementar medidas de seguridad robustas para proteger los datos contra accesos no autorizados y garantizar la confidencialidad de la información.

Decisiones Autónomas y Responsabilidad:

Los sistemas de IA autónomos plantean desafíos éticos en términos de responsabilidad y toma de decisiones. ¿Quién es responsable en caso de que un sistema de IA tome una decisión incorrecta o dañina? ¿Cómo se asigna la responsabilidad cuando no hay un agente humano claramente identificable? Estas son preguntas éticas complejas que requieren un enfoque multidisciplinario y la colaboración entre expertos en IA, ética, derecho y sociedad para encontrar soluciones adecuadas.

Beneficios y Riesgos Equilibrados:

Por último, la ética en la IA implica equilibrar los beneficios y riesgos de esta tecnología. Si bien la IA puede ofrecer numerosos beneficios en términos de eficiencia, innovación y mejora de la calidad de vida, también plantea riesgos en cuanto a la privacidad, el empleo, la seguridad y el impacto social. Es esencial considerar estos aspectos éticos en el desarrollo y adopción de sistemas de IA para maximizar los beneficios y minimizar los riesgos potenciales.

Transparencia y responsabilidad en la toma de decisiones algorítmica.

La transparencia y responsabilidad en la toma de decisiones algorítmica son aspectos esenciales para garantizar la confianza, equidad y ética en el uso de sistemas basados en algoritmos, especialmente en el contexto de la Inteligencia Artificial (IA). A continuación, se detallan estos conceptos y su importancia:

Transparencia en la Toma de Decisiones:

La transparencia se refiere a la capacidad de comprender y explicar cómo se toman las decisiones algorítmicas. En el contexto de la IA, es crucial que las empresas y organizaciones sean transparentes en cuanto a los criterios, datos y procesos utilizados por los algoritmos para llegar a una decisión. Esto implica proporcionar información clara sobre cómo se recopilan, procesan y utilizan los datos, así como sobre cómo se entrenan y ajustan los modelos de IA. La transparencia permite a las partes interesadas entender y evaluar la confiabilidad, equidad y posibles sesgos de las decisiones algorítmicas.

Responsabilidad en la Toma de Decisiones:

La responsabilidad se refiere a la obligación de las empresas y desarrolladores de asumir las consecuencias de las decisiones algorítmicas y garantizar su impacto positivo en la sociedad. Esto implica identificar y mitigar posibles sesgos, discriminación o decisiones erróneas que puedan surgir de los algoritmos de IA. Además, la responsabilidad implica establecer mecanismos de rendición de cuentas y mecanismos de corrección en caso de que se produzcan decisiones incorrectas o dañinas.

Importancia de la Transparencia y Responsabilidad:

La transparencia y responsabilidad en la toma de decisiones algorítmica son fundamentales por varias razones. En primer lugar, permiten a las partes interesadas comprender cómo se utilizan sus datos y cómo se toman decisiones que pueden afectar sus vidas y derechos. Esto fomenta la confianza y legitimidad en el uso de la IA. En segundo lugar, la transparencia y responsabilidad ayudan a identificar y corregir posibles sesgos o discriminación en los algoritmos, garantizando la equidad y justicia en las decisiones automatizadas. Además, la transparencia y responsabilidad son requisitos legales y éticos en muchas jurisdicciones y sectores, por lo que las empresas deben cumplir con estas expectativas para evitar riesgos legales y reputacionales.

Principios y Prácticas para la Transparencia y Responsabilidad:

Para garantizar la transparencia y responsabilidad en la toma de decisiones algorítmica, las empresas pueden adoptar principios y prácticas específicos. Estos pueden incluir la documentación detallada de los procesos de toma de decisiones algorítmicas, la explicación clara de los criterios utilizados por los algoritmos, la implementación de auditorías y revisiones periódicas, la inclusión de mecanismos de apelación y corrección, y la colaboración con expertos en ética y derechos para evaluar el impacto de los algoritmos en diferentes grupos de usuarios.

8. Capítulo 8: Implementación Práctica

Pasos para la Implementación de Proyectos de IA:

a continuación, se detallan los pasos para la implementación de proyectos de Inteligencia Artificial (IA):

Identificación de la Oportunidad de Negocio:

El primer paso es identificar una oportunidad de negocio que se pueda abordar de manera efectiva utilizando IA. Esto implica comprender las necesidades y desafíos de la empresa, así como identificar áreas donde la IA pueda generar valor agregado, como optimización de procesos, análisis de datos, automatización de tareas, entre otros.

Definición de Objetivos y Métricas de Éxito:

Una vez identificada la oportunidad, es importante definir objetivos claros y medibles para el proyecto de IA. Estos objetivos deben estar alineados con los objetivos estratégicos de la empresa y deben establecer métricas de éxito que permitan evaluar el impacto y rendimiento del proyecto, como precisión de los modelos, ahorro de costos, mejora en la eficiencia, etc.

Recopilación y Preparación de Datos:

La recopilación y preparación de datos son fundamentales para el éxito de un proyecto de IA. Esto implica identificar y recopilar fuentes de datos relevantes para el proyecto, limpiar y procesar los datos para eliminar ruido, duplicados o datos irrelevantes, y prepararlos para su uso en los modelos de IA.

Selección de Algoritmos y Modelado:

Una vez que los datos están preparados, se procede a la selección de algoritmos y modelado de los datos. Esto incluye la elección de algoritmos de aprendizaje automático o técnicas de IA adecuadas para el problema específico, el entrenamiento de modelos utilizando datos históricos, y la evaluación y ajuste de los modelos para garantizar su precisión y rendimiento.

Desarrollo e Implementación del Modelo:

Con los modelos entrenados y evaluados, se procede al desarrollo e implementación del modelo en un entorno de producción. Esto implica la integración del modelo en los sistemas existentes de la empresa, la configuración de parámetros y ajustes finos, y la realización de pruebas exhaustivas para garantizar su funcionamiento correcto y eficiente.

Evaluación y Monitoreo Continuo

Una vez implementado, se lleva a cabo una evaluación y monitoreo continuo del modelo para asegurar su rendimiento y eficacia a lo largo del tiempo. Esto incluye la monitorización de métricas clave, la detección de posibles desviaciones o problemas, y la realización de ajustes y mejoras según sea necesario para optimizar el rendimiento del modelo.

Integración en Procesos y Toma de Decisiones

Finalmente, el modelo de IA integrado se utiliza en los procesos de negocio de la empresa para la toma de decisiones. Esto puede implicar la automatización de tareas, la generación de insights y recomendaciones, y el apoyo a la toma de decisiones estratégicas basadas en datos.

Capítulo 9: modelos de algoritmos en Python para su utilización en las empresas para implementar ideas de inteligencia artificial

Regresión Lineal

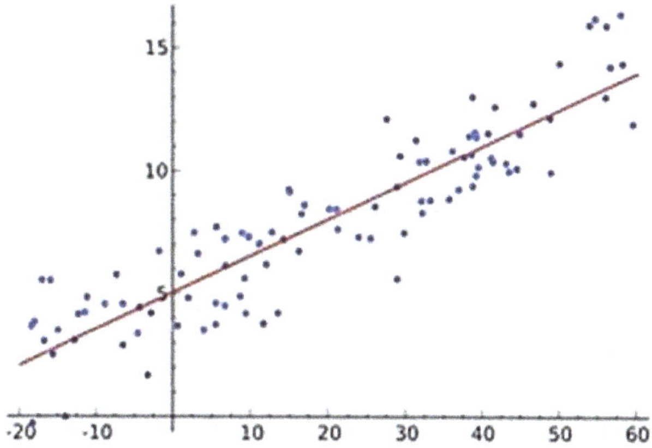

Fuente: copilot 2024

Aplicación: Predicción de ventas o ingresos en función de variables como inversión en marketing, precios de productos, entre otros.

Descripción: La regresión lineal es uno de los algoritmos más simples y ampliamente utilizados en IA y machine learning. El objetivo es encontrar la relación lineal entre una variable dependiente y una o más variables independientes. En las empresas, este modelo es útil para predecir tendencias, como el crecimiento de ventas basadas en una serie de datos históricos.

Regresión Lineal para Pronóstico de Ventas

Ideal para analizar la relación entre variables y predecir tendencias, como ventas futuras basadas en datos históricos.

```
from sklearn.linear_model import LinearRegression
import numpy as np

# Datos de ejemplo
X = np.array([[1], [2], [3], [4], [5]])  # Periodos de tiempo
y = np.array([3000, 5000, 7000, 9000, 11000])  # Ventas

# Crear modelo
modelo = LinearRegression()
modelo.fit(X, y)

# Pronosticar la venta para el siguiente periodo
periodo_futuro = np.array([[6]])
prediccion = modelo.predict(periodo_futuro)
print(f"Pronóstico de ventas: {prediccion[0]}")
```

```
Pronóstico de ventas: 13000.0
```

Fuente: Colab 2024

K-Means para Segmentación de Clientes

K-Means es útil para clasificar a los clientes en grupos basados en sus características, permitiendo estrategias de marketing

```
from sklearn.cluster import KMeans
import numpy as np

# Datos de ejemplo: Ingresos y gasto anual de los clientes
datos = np.array([[15, 39], [16, 81], [17, 6], [18, 77], [19, 40], [20, 76]])

# Crear modelo de clustering con 2 segmentos
kmeans = KMeans(n_clusters=2, random_state=0).fit(datos)
etiquetas = kmeans.labels_

print(f"Segmentos de clientes: {etiquetas}")
```

```
Segmentos de clientes: [1 0 1 0 1 0]
```

Fuente: Colab 2024

Árbol de Decisión para Análisis de Crédito

Los árboles de decisión ayudan a clasificar clientes según su riesgo crediticio, usando factores como ingresos, historia.

```python
from sklearn.tree import DecisionTreeClassifier

# Datos de ejemplo
X = [[1, 50000], [1, 60000], [0, 40000], [0, 30000]]  # Historial, ingresos
y = [1, 1, 0, 0]  # 1 = Aprobado, 0 = Rechazado

# Crear modelo
arbol = DecisionTreeClassifier()
arbol.fit(X, y)

# Clasificar un nuevo cliente
nuevo_cliente = [[1, 55000]]
decision = arbol.predict(nuevo_cliente)
print("Crédito aprobado" if decision[0] == 1 else "Crédito rechazado")
```

```
Crédito aprobado
```

Fuente: Colab 2024

Red Neuronal para Reconocimiento de Imágenes (Inventario Automatizado)

Las redes neuronales pueden usarse para reconocer imágenes, como identificar productos e inventaros

```python
from tensorflow.keras.models import Sequential
from tensorflow.keras.layers import Dense, Flatten
from tensorflow.keras.datasets import mnist

# Cargar y preparar datos de ejemplo
(X_train, y_train), (X_test, y_test) = mnist.load_data()
X_train, X_test = X_train / 255.0, X_test / 255.0

# Construir modelo de red neuronal
modelo = Sequential([
    Flatten(input_shape=(28, 28)),
    Dense(128, activation='relu'),
    Dense(10, activation='softmax')
])

modelo.compile(optimizer='adam', loss='sparse_categorical_crossentropy', metrics=['accuracy'])
modelo.fit(X_train, y_train, epochs=5)

# Evaluación del modelo
modelo.evaluate(X_test, y_test)
```

Fuente: Colab 2024

Procesamiento de Lenguaje Natural (PNL) para Atención al Cliente

Los modelos de PNL, como los análisis de sentimientos, son útiles para procesar textos de redes sociales o comentarios de clientes.

```python
from textblob import TextBlob

# Texto de ejemplo
comentario = "El servicio fue excelente y rápido."

# Análisis de sentimientos
blob = TextBlob(comentario)
sentimiento = blob.sentiment.polarity

if sentimiento > 0:
    print("Sentimiento positivo")
elif sentimiento < 0:
    print("Sentimiento negativo")
else:
    print("Sentimiento neutral")
```

```
Sentimiento neutral
```

Fuente: Colab 2024

9. Capítulo 10: Gemelos digitales para la gestión de la calidad total

1Figura Gemelo digital

Fuente: copilot 2024

los gemelos digitales son una tecnología emergente que está transformando la forma en que las empresas gestionan la calidad total. Un gemelo digital es una réplica virtual de un producto, proceso o sistema físico en tiempo real, que permite monitorear, simular y optimizar su desempeño. En el contexto de la gestión de la calidad total, los gemelos digitales ofrecen numerosos beneficios y oportunidades. A continuación, se exploran estos aspectos en detalle:

Introducción a los Gemelos Digitales en la Gestión de la Calidad Total

Definición y concepto de gemelos digitales en el contexto de la gestión de la calidad total.

Los gemelos digitales en el ámbito de la gestión de la calidad total se refieren a una representación virtual y dinámica de un producto, proceso o sistema físico, que se actualiza en tiempo real a partir de datos recopilados de su contraparte física. Esta tecnología permite a las empresas monitorear, simular y optimizar la calidad de sus productos y procesos de manera más eficiente y precisa.

En términos simples, un gemelo digital es una réplica digital de un producto o sistema físico, que refleja su comportamiento y características en el mundo real. Esta réplica virtual se actualiza constantemente con datos en tiempo real obtenidos de sensores, dispositivos IoT y otras fuentes de información conectadas al sistema físico.

En el contexto de la gestión de la calidad total, los gemelos digitales son una herramienta invaluable. Permiten a las empresas analizar y mejorar la calidad de sus productos y procesos de manera proactiva al proporcionar una visión detallada y precisa de su funcionamiento. Al combinar datos históricos, análisis predictivos y simulaciones, los gemelos digitales facilitan la identificación de áreas de mejora, la detección temprana de problemas de calidad y la optimización de procesos para garantizar altos estándares de calidad en todo momento.

Beneficios y aplicaciones de los gemelos digitales para mejorar la calidad de los productos y procesos.

Monitoreo en Tiempo Real y y Análisis Predictivo:

Los gemelos digitales permiten el monitoreo en tiempo real de procesos y productos, lo que facilita la detección temprana de problemas de calidad. Al integrar sensores y dispositivos IoT en la réplica virtual, las empresas pueden obtener datos precisos y actualizados sobre el rendimiento de sus operaciones y productos, identificando anomalías o desviaciones que puedan afectar la calidad total.

El uso de análisis predictivo en la gestión de la calidad total es una práctica estratégica que permite a las empresas prevenir problemas de calidad y mejorar su eficiencia operativa de manera significativa. A continuación, se exploran los beneficios y aplicaciones del análisis predictivo en este contexto:

Identificación Proactiva de Problemas de Calidad

El análisis predictivo utiliza algoritmos y técnicas avanzadas para analizar datos históricos y en tiempo real, identificando patrones, tendencias y relaciones ocultas que pueden indicar posibles problemas de calidad en el futuro. Esto permite a las empresas tomar medidas proactivas para prevenir problemas antes de que ocurran, evitando costosos retrabajos, reclamos de clientes y pérdidas de reputación.

Optimización de Procesos y Parámetros de Calidad:

Mediante el análisis predictivo, las empresas pueden optimizar sus procesos y parámetros de calidad para garantizar un desempeño óptimo y consistente. Los modelos predictivos pueden ayudar a determinar los factores clave que afectan la calidad de los productos, identificar las variables críticas y establecer rangos ideales para parámetros como temperatura, velocidad, presión, entre otros.

Mejora Continua y Adaptabilidad.

El análisis predictivo no solo permite prevenir problemas de calidad, sino también mejorar continuamente los procesos y productos. Al monitorear y analizar datos en tiempo real, las empresas pueden adaptarse rápidamente a cambios en las condiciones de producción, materiales o demanda del mercado, ajustando sus estrategias y operaciones para mantener altos estándares de calidad y eficiencia.

Reducción de Costos y Aumento de la Eficiencia.

Al prevenir problemas de calidad y optimizar procesos, el análisis predictivo ayuda a reducir costos asociados con retrabajos, desperdicios, devoluciones de productos y penalizaciones por incumplimiento de estándares de calidad. Además, al mejorar la eficiencia operativa, las empresas pueden aumentar la producción y la satisfacción del cliente sin comprometer la calidad.

Toma de Decisiones Basada en Datos

El análisis predictivo proporciona información clave para la toma de decisiones basada en datos sólidos y confiables. Los análisis y pronósticos generados por modelos predictivos ayudan a los líderes y gerentes a tomar decisiones estratégicas informadas sobre inversiones, mejoras en procesos, capacitación de personal y desarrollo de productos.

Simulación y Predicción

Otra ventaja de los gemelos digitales es su capacidad para simular escenarios y predecir resultados. Esto es especialmente útil en la gestión de la calidad total, ya que las empresas pueden realizar pruebas virtuales de diferentes configuraciones, procesos o cambios antes de implementarlos en el mundo real. Esto reduce el riesgo de errores y permite optimizar la calidad de manera proactiva.

Optimización de Procesos

Al utilizar gemelos digitales, las empresas pueden optimizar sus procesos de producción y operaciones para mejorar la calidad total. Mediante el análisis de datos en tiempo real y la simulación de diferentes estrategias, es posible identificar oportunidades de mejora, reducir desperdicios, optimizar tiempos de ciclo y garantizar la consistencia en la calidad de los productos y servicios.

Personalización y Adaptabilidad:

Los gemelos digitales también permiten la personalización y adaptabilidad en la gestión de la calidad total. Al tener una representación virtual precisa de los productos y procesos, las empresas pueden ajustar rápidamente sus operaciones para satisfacer las necesidades y expectativas cambiantes de los clientes, adaptarse a condiciones del mercado y cumplir con estándares de calidad y regulaciones específicas.

Toma de Decisiones Informada:

Con la información y análisis proporcionados por los gemelos digitales, las empresas pueden tomar decisiones más informadas y estratégicas en relación con la calidad total. La visualización de datos en tiempo real, las alertas automáticas sobre problemas de calidad y las recomendaciones basadas en análisis predictivos facilitan la toma de decisiones ágiles y efectivas para mejorar la calidad y la eficiencia operativa.

Dinamismo Operacional con IA: Claves para el Éxito Sostenible

En la era actual de cambios rápidos y desafíos constantes, el dinamismo operacional se ha vuelto crucial para la supervivencia y el éxito sostenible de las empresas. Al combinar el dinamismo operacional con herramientas de inteligencia artificial (IA), las organizaciones pueden alcanzar nuevos niveles de agilidad, eficiencia y capacidad de adaptación. En este contenido, exploraremos las claves fundamentales para lograr el dinamismo operacional con IA y asegurar un éxito sostenible en el mercado actual.

10. Capitulo 11: Innovación impulsada por IA:

La inteligencia artificial (IA) está transformando tanto la educación como la industria, impulsando innovaciones que mejoran la eficiencia, personalizan experiencias y abren nuevas oportunidades. Aquí tienes una visión más detallada de cómo la IA está impactando estos dos sectores:

1. IA en la Educación

La IA en la educación tiene el potencial de personalizar el aprendizaje, automatizar tareas administrativas y mejorar la calidad de la enseñanza. Algunas aplicaciones claves incluyen:

a. Personalización del Aprendizaje

Sistemas de tutoría inteligente: Plataformas impulsadas por IA pueden adaptarse al ritmo y estilo de aprendizaje de cada estudiante. Los algoritmos analizan el desempeño de los alumnos y ajustan el contenido en tiempo real, proporcionando recursos adicionales o nuevas explicaciones si un estudiante tiene dificultades en un tema específico (Luckin et al., 2016).

Recomendación de recursos: Sistemas como los de recomendación en plataformas educativas sugieren lecturas, ejercicios o lecciones adicionales basadas en las necesidades del estudiante. Esto maximiza la efectividad del aprendizaje (Chassignol et al., 2018).

b. Evaluación Automatizada

Corrección de exámenes y trabajos: La IA permite la corrección automática de pruebas y tareas, no solo en preguntas de opción múltiple, sino también en redacciones, donde puede evaluar la gramática, estructura y hasta la coherencia de ideas. Esto ahorra tiempo a los docentes y permite una retroalimentación más rápida a los estudiantes (Holmes et al., 2019).

c. Asistentes Virtuales

Chatbots educativos: Los chatbots impulsados por IA ayudan a los estudiantes a obtener respuestas rápidas a sus preguntas. Pueden resolver dudas sobre tareas, proporcionar explicaciones adicionales o guiar a los estudiantes en la búsqueda de información relevante (Li et al., 2018).

d. Análisis predictivo del desempeño

Identificación de estudiantes en riesgo: Con el análisis de grandes cantidades de datos sobre el rendimiento académico, la IA puede predecir qué estudiantes podrían necesitar apoyo adicional. Esto permite una intervención temprana y personalizada, mejorando las tasas de retención y éxito académico (Baker & Inventado, 2014).

e. Creación de contenido educativo

Generación automática de cuestionarios: La IA puede generar preguntas de evaluación basadas en el material de estudio, lo que permite a los profesores evaluar a los estudiantes de manera eficiente. También puede ayudar en la creación de materiales como resúmenes o guías de estudio (Holmes et al., 2019).

2. IA en la Industria

La IA está impulsando una revolución en la industria, mejorando procesos, aumentando la productividad, y facilitando la toma de decisiones basada en datos. Algunas aplicaciones clave incluyen:

a. Automatización Industrial

Robótica avanzada: Las fábricas inteligentes están utilizando robots impulsados por IA que pueden realizar tareas complejas de manufactura con alta precisión. Además, la IA permite a estos robots aprender y adaptarse a diferentes entornos, mejorando continuamente su eficiencia (Russell & Norvig, 2021).

Mantenimiento predictivo: Con la IA, es posible predecir cuándo una máquina necesitará mantenimiento antes de que falle, reduciendo tiempos de inactividad y costos de reparación (Lee et al., 2018).

b. Optimización de la Cadena de Suministro

Predicción de demanda: La IA permite a las empresas predecir la demanda de productos con mayor precisión, analizando patrones de compra, tendencias del mercado y factores externos como el clima o eventos globales. Esto permite a las empresas ajustar su producción y logística de manera más eficiente (Russell & Norvig, 2021).

Gestión de inventarios: Los sistemas basados en IA optimizan los niveles de inventario, asegurando que haya suficiente producto para satisfacer la demanda, pero sin generar sobrestock. Esto reduce costos operativos y mejora la gestión de recursos (Lee et al., 2018).

c. Mejora de la Experiencia del Cliente

Atención al cliente con chatbots: La industria está utilizando asistentes virtuales y chatbots impulsados por IA para mejorar la atención al cliente. Estos sistemas responden a consultas comunes, resuelven problemas y personalizan la experiencia del cliente (Li et al., 2018).

Sistemas de recomendación: Empresas como Amazon o Netflix utilizan IA para recomendar productos o contenido a los usuarios, basándose en sus preferencias y comportamientos previos. Esto aumenta la satisfacción del cliente y mejora la tasa de conversión de ventas (Chassignol et al., 2018).

d. Toma de Decisiones Basada en Datos

Análisis predictivo: La IA puede analizar grandes volúmenes de datos y ofrecer predicciones que mejoran la toma de decisiones en la industria. Esto es útil en áreas como el marketing, la gestión de recursos humanos, o la planificación estratégica (Baker & Inventado, 2014).

Optimización de precios: La IA también ayuda a las empresas a ajustar sus precios en tiempo real en función de factores como la competencia, la demanda o las tendencias del mercado (Russell & Norvig, 2021).

e. Innovación en Diseño de Productos

Diseño asistido por IA: En la industria automotriz o de productos electrónicos, la IA está siendo utilizada para diseñar productos más eficientes. Las empresas pueden crear prototipos digitales, probar diferentes configuraciones y optimizar el diseño antes de pasar a la producción física (Lee et al., 2018).

11. Conclusiones

1. Automatización Inteligente para Maximizar la Eficiencia

La IA permite a los empresarios automatizar procesos operativos clave, desde la gestión de inventarios hasta la atención al cliente. Esta automatización no solo ahorra tiempo y costos, sino que también mejora la precisión y la eficiencia general de la empresa, liberando recursos humanos para enfocarse en tareas más estratégicas.

2. Toma de Decisiones Basada en Datos

El análisis predictivo y las herramientas impulsadas por IA proporcionan a los empresarios información valiosa que les permite tomar decisiones fundamentadas en datos. La capacidad de predecir tendencias de mercado, identificar oportunidades de negocio y minimizar riesgos ofrece una ventaja competitiva significativa.

3. Experiencia del Cliente Personalizada

La IA permite a las empresas ofrecer experiencias más personalizadas para los clientes a través de sistemas de recomendación y chatbots inteligentes. Esto no solo mejora la satisfacción del cliente, sino que también incrementa la lealtad y optimiza las interacciones, lo que puede traducirse en un aumento en las ventas y la retención de clientes.

4. Innovación Continua en Productos y Servicios

La IA permite a los empresarios innovar continuamente al diseñar productos y servicios más avanzados y ajustados a las necesidades del mercado. Al utilizar tecnologías como el diseño asistido por IA y los análisis de comportamiento del cliente, las empresas pueden desarrollar productos más personalizados y adaptarse rápidamente a las demandas cambiantes del consumidor.

5. Optimización de la Cadena de Suministro

Los empresarios exitosos pueden optimizar toda su cadena de suministro mediante IA, reduciendo tiempos de entrega y mejorando la logística. Al predecir la demanda y optimizar las rutas de distribución, las empresas pueden reducir costos operativos y aumentar la eficiencia general de sus operaciones.

6. Mejora del Mantenimiento y la Productividad en las Operaciones

Gracias al mantenimiento predictivo impulsado por IA, los empresarios pueden anticipar fallos en máquinas y equipos antes de que ocurran, lo que reduce el tiempo de inactividad y mejora la productividad en el entorno industrial. Esto es especialmente valioso en la manufactura y en sectores de producción intensiva.

7. Adaptabilidad en un Entorno Cambiante

La IA dota a las empresas de la agilidad necesaria para adaptarse a cambios rápidos en el mercado. Los algoritmos pueden analizar en tiempo real fluctuaciones económicas, cambios en el comportamiento del consumidor y otros factores que permiten a los empresarios ajustar sus estrategias a medida que surgen nuevas oportunidades o desafíos.

8.Impulso al Crecimiento y la Competitividad Global

Al adoptar tecnologías basadas en IA, los empresarios pueden posicionar a sus empresas para competir en el mercado global. Las herramientas de IA no solo reducen las barreras de entrada a nuevos mercados, sino que también proporcionan la capacidad de operar de manera eficiente a gran escala, ayudando a las empresas a mantenerse relevantes y a crecer sostenidamente en un entorno altamente competitivo.

9. Bibliografía

Turing, A. M. (1950). "Computing machinery and intelligence." Mind, 59(236), 433-460.

McCarthy, J. (1956). "Proposal for the Dartmouth summer research project on artificial intelligence." Stanford University.

O'Neil, C. (2016). *Weapons of math destruction: How big data increases inequality and threatens democracy*. Crown Publishing Group.

Ford, M. (2018). *Architects of intelligence: The truth about AI from the people building it*. Packt Publishing.

Kowalczyk, A. (n.d.). Support Vector Machines Succinctly.

Amat Rodrigo, J. (n.d.). Máquinas de Vector Soporte (SVM)

Baker, R. S., & Inventado, P. S. (2014). Educational data mining and learning analytics. In J. A. Larusson & B. White (Eds.), *Learning analytics* (pp. 61-75). Springer. https://doi.org/10.1007/978-1-4614-3305-7_4

Chassignol, M., Khoroshavin, A., Klimova, A., & Bilyatdinova, A. (2018). Artificial Intelligence trends in education: A narrative overview. *Procedia Computer Science*, 136, 16-24. https://doi.org/10.1016/j.procs.2018.08.233

Holmes, W., Bialik, M., & Fadel, C. (2019). *Artificial Intelligence in Education: Promises and Implications for Teaching and Learning*. Center for Curriculum Redesign.

Lee, J., Davari, H., Singh, J., & Pandhare, V. (2018). Industrial artificial intelligence for industry 4.0-based manufacturing systems. *Manufacturing Letters*, 18, 20-23. https://doi.org/10.1016/j.mfglet.2018.09.002

Li, X., Niu, X., & Ji, R. (2018). Intelligent customer service robot based on artificial intelligence: Design and implementation. In *Proceedings of the International Conference on Artificial Intelligence and Big Data* (pp. 26-29). IEEE. https://doi.org/10.1109/ICAIBD.2018.8396185

Luckin, R., Holmes, W., Griffiths, M., & Forcier, L. B. (2016). Intelligence unleashed: An argument for AI in education. *Pearson*. https://doi.org/10.13140/RG.2.1.4817.4643

Russell, S., & Norvig, P. (2021). *Artificial Intelligence: A Modern Approach* (4th ed.). Pearson.

www.ingramcontent.com/pod-product-compliance
Lightning Source LLC
LaVergne TN
LVHW022313200926
848481LV00004B/1313

* 9 7 9 8 8 9 2 4 8 7 4 6 7 *